中国脱贫攻坚

青海省六村案例

全国扶贫宣传教育中心　组织编写

中国文联出版社

图书在版编目（CIP）数据

中国脱贫攻坚·青海省六村案例/全国扶贫宣传教育中心组编. -- 北京：中国文联出版社，2021.12
ISBN 978-7-5190-4730-6

Ⅰ.①中… Ⅱ.①全… Ⅲ.①扶贫-工作经验-案例-青海 Ⅳ.① F126

中国版本图书馆 CIP 数据核字（2021）第 242401 号

编　　者	全国扶贫宣传教育中心组
责任编辑	祝琳华　张　甜
特约审读	李荣华
责任校对	刘亚伶
装帧设计	乐　阅
出版发行	中国文联出版社有限公司
社　　址	北京市朝阳区农展馆南里 10 号　邮编 100125
电　　话	010-85923025（发行部）　010-85923091（总编室）
经　　销	全国新华书店等
印　　刷	廊坊佰利得印刷有限公司
开　　本	710 毫米 × 1000 毫米　1/16
印　　张	11.25
字　　数	122 千字
版　　次	2021 年 12 月第 1 版第 1 次印刷
定　　价	58.00 元

版权所有·侵权必究
如有印装质量问题，请与本社发行部联系调换

前　言

青海是集中连片特殊困难区域和国家扶贫开发重点县全覆盖的省份，集中了西部地区、民族地区、高原地区和贫困地区所有特征。2015年，按照党中央、国务院脱贫攻坚决策部署，经"两线合一"精准识别，全省共有42个贫困县（市、区、行委）、1622个贫困村、51.98万贫困人口，贫困发生率13.2%，高于全国7.5个百分点。

2016年以来，在党中央、国务院的坚强领导下，青海省委、省政府团结带领全省各族人民，以习近平新时代中国特色社会主义思想为指导，按照习近平总书记2016年8月视察青海时"要有'不破楼兰终不还'的坚定决心和坚强意志，坚持精准扶贫、精准脱贫，切实做到脱真贫、真脱贫""要综合施策、打好组合拳，做到多政策、多途径、多方式综合发力"的重要指示和重大要求，紧紧围绕"扶持谁""谁来扶""怎么扶""如何退"等根本性问题，聚焦"两不愁三保障"和饮水安全，按照"四年集中攻坚、一年巩固提升"总体思路，尽锐出战，攻坚克难，使脱贫攻坚取得全面胜利。①2019年年底全省42个贫困县、1622个贫困村全部脱贫退出，实际减贫53.9万人，困扰青海人民千百年的绝对贫困问

---

① 习近平：《扶贫要"不破楼兰终不还"》，2016年8月25日，http://epaper.bjnews.com.cn/html/2016-08/25/content_649427.htm。

题得到历史性解决，书写了青海发展史上的辉煌篇章。

这些骄人成就的取得，离不开中央和地方的有力部署，离不开奋战在一线的广大扶贫干部的辛勤付出，离不开广大青海人民的理解支持。作为脱贫攻坚的重要战场，青海的脱贫实践是中国特色扶贫经验的重要组成部分，是中国特色帮扶机制的成功实践，也是迈向乡村振兴的宝贵镜鉴。要讲好中国的脱贫故事，少不了青海这一浓墨重彩的篇章；而要讲好青海的脱贫历程，需要深入到村庄脱贫攻坚一线，以典型个案剖析产业就业、易地搬迁、生态补偿、教育培训、社会扶贫等方面，从而更好总结脱贫经验，助力乡村振兴。

为了真实记录中国脱贫攻坚波澜壮阔的生动实践，全面宣传脱贫攻坚的历史成就，深入评估县域脱贫攻坚的多方面影响，总结提炼贫困县脱贫摘帽、贫困村退出的典型经验，同时为丰富发展中国特色扶贫开发理论提供案例支撑，经国务院扶贫办批准，2019年全国扶贫宣传教育中心组织实施"脱贫攻坚成就和经验总结"项目，委托华中科技大学向德平教授团队承担"西北区域县、村脱贫攻坚经验总结"项目，其中青海省部分由贵州民族大学社会建设与反贫困研究院孙兆霞教授团队和华中科技大学公共管理学院吴淼教授团队共同实施。两个项目组于2019年8月、9月和10月赴青海开展调研。调研期间，项目组分赴大通回族土族自治县边麻沟村、尖扎县德吉村、治多县同卡村、甘德县恰不将村、互助县班彦村、乌兰县巴音村开展典型调查。从这六个村的案例中可以窥见青海省脱贫攻坚取得辉煌成就的一些宝贵经验：

一是充分发挥党政体制的政治制度优势。青海六村的脱贫攻坚历程，充分体现了我国"党政体制"的政治制度优势，以脱贫攻坚引领经济社会发展，形成对脱贫攻坚大格局、大目标的共识。各级党委与政府对脱贫攻坚的支持，是第一书记和驻村工作队的坚强后盾；第一书记和驻村工作队队员，则是脱贫攻坚的排头兵；而村两委则是脱贫攻坚的坚实堡垒。边麻沟村的脱贫成效得力于朔北藏族乡窎沟片区旅游联盟中心党委坚强领导；同卡村党支部坚持"抓支部、用支部、活支部、强支部"工作思路，把基层党组织建设成为带领群众脱贫致富的坚强战斗堡垒；班彦村通过落实单位"双帮"机制和第一书记制度，将各项学习、监督和检查机制作为政策工具，将各项复杂扶贫政策落实到村、脱贫到户，成功实现了村庄再造。

二是实现底线公平基础之上的基本公共服务均等化。青海省在脱贫攻坚实践中，坚持贫困村与非贫困村、建档立卡贫困户与普通农户"底线公平"，保证底线（贫困线）以下部分社会成员的"权利一致性"，致力于探索长效脱贫机制。通过推动农村低保与其他社会救助制度的结合，促进了整合型社会救助体系的建设，形成市场、社会与政府多元福利供给的格局。促进教育公平，在德吉村、恰不将村开设的教学点、幼教点成效明显，对边远、艰苦地区的学生、教师实施政策倾斜，对残疾儿童提供"送教上门"等，都让贫困儿童接受教育的权利得到真正保障，为阻断贫困的代际传递、促进农户自身能力建设等发挥了重要作用。在同卡村、巴音村，以贫困村标准化村卫生室建设为基础的"填平补齐"政策，使贫困农户在家门口就能享受到基础医疗与公共卫生服务，有效应对了贫困群体的健康脆弱性。对于因病致贫农户的医疗保障体系建设，在一定程度上阻断了贫困的恶性循环。

三是注重村落共同体与农户能力建设。尊重贫困群体的社区的主体性，保障在贫困群体参与的基础上激发其内生动力，通过村庄共同体建设、支持社区团结和合作，来发动和组织群众。边麻沟村通过发展乡村旅游激活基层组织治理，形成了基层党组织领导下的"村民共同致富、村庄共同发展"的村域共同体；作为易地移民安置点的德吉村，通过构建完善的社区公共服务体系，使来自不同地方的贫困群体新组建的社区生活和社会秩序呈现出井井有条、和谐发展的景象；班彦村在村庄再造式扶贫中始终坚持以村落共同体与农户能力建设为核心，顺利实现了经济再造、基础设施再造、公共服务体系再造、政治再造和乡村秩序再造，从一个贫困落后的无名村落变为如今的中国美丽休闲乡村。

四是形成"三位一体"的大扶贫格局。青海省积极构建专项扶贫、行业扶贫、社会扶贫"三位一体"大扶贫格局，动员和凝聚全社会力量广泛参与脱贫攻坚。在脱贫攻坚阶段，为贫困农户提供的多种产业发展项目及社会福利，均是在"大扶贫"格局下建立起的由政府、市场和社会力量共同参与的。在行业扶贫方面，深入实施十个行业扶贫专项行动（如班彦村的村庄再造、巴音村的产村融合发展），统筹整合高原美丽乡村建设、农村人居环境综合整治、农村公共服务设施建设等项目资金，狠抓贫困村基础设施建设，全面补齐了全县贫困村和非贫困村水、电、路、网、房等方面存在的短板和欠账。在社会扶贫方面，加强与国家部委定点扶贫对接，建立健全"双联双帮"工作机制。无论是东西部扶贫协作（如边麻沟村的"花海农庄"、同卡村的生态畜牧业项目）还是联点帮扶（如恰不将村的三江源生态资源保护与福利化扶贫），都呈现出脱贫攻坚已经从党的政治目标弥散为一种动员社会个人资源、政府或企业等组织资源甚至区域资源的社会共识，从而形成脱贫攻坚的全体系行动力和全社会聚合力。

2021年是"十四五"开局之年,脱贫攻坚全面胜利,乡村振兴方兴未艾,在新的征程中,面对新的历史机遇与挑战,如何让产业进一步扎根乡土,惠及广大百姓;如何在城乡融合的大背景下推动乡村振兴,如何增强村庄治理的内生动力,都是广大干部群众面临的新课题。青海省六个村庄的典型经验,或许可以为明天万千村庄提供一些可能性,助力乡村振兴行稳致远。

目 录

第一章　边麻沟村：旅游扶贫与基层治理的边村实践　/ 1
　　一、遭遇治理困境的边麻沟村村情　/ 3
　　二、组织动员：边麻沟村的旅游扶贫行动　/ 5
　　三、村域共同体：旅游扶贫助推基层治理　/ 12
　　四、结语　/ 19

第二章　德吉村：易地搬迁通往幸福　/ 23
　　一、德吉村基本情况及致贫原因　/ 24
　　二、德吉村的减贫发展：机理、路径与实践　/ 29
　　三、德吉村减贫发展的启示　/ 46

第三章　同卡村：以"文"化贫的发展之路　/ 49
　　一、村庄基本情况　/ 50
　　二、贫困成因　/ 53
　　三、脱贫攻坚的主要措施　/ 55
　　四、脱贫攻坚经验总结　/ 59
　　五、结语　/ 66

第四章　恰不将村：嵌入生态保护的游牧贫困村脱贫之路　/ 69
　　一、三江源核心保护区的贫困游牧村庄　/ 70

二、组织下沉：牧区国家政权的强化 / 75

三、适度发展：生态保护下的脱贫攻坚 / 79

四、国定贫困村脱贫及发展：基于政策托底适度开发模式的成就 / 90

五、结论与讨论 / 93

第五章　班彦村：两极化贫困村脱贫之路 / 97

一、低度发展与两极分化：班彦村脱贫难题 / 98

二、村社整合：从政策供给到组织实施 / 106

三、政策叠加：基于新村的村庄再造 / 112

四、中国美丽休闲乡村：村庄再造式扶贫成就 / 124

五、结论与讨论 / 131

第六章　巴音村：产村融合发展 / 135

一、村庄发展之困：巴音村的条件限制与扶贫历程 / 136

二、村庄发展之力：新时代巴音村脱贫的坚强保障 / 141

三、村产融合发展之路：再造一个新巴音村 / 145

四、村产融合发展之果：为脱贫致富打下基础 / 149

五、深化产村融合发展：巴音村脱贫成果的巩固 / 153

六、产村融合发展之经验：巴音村脱贫的展望 / 156

后　记 / 162

第一章

边麻沟村：

旅游扶贫与基层治理的边村实践

习近平总书记指出，反贫困始终是古今中外治国安邦的一件大事，自2012年以来，党中央把脱贫攻坚摆在治国理政的突出位置，把脱贫攻坚作为全面建成小康社会的底线任务，组织开展了声势浩大的脱贫攻坚人民战争。[①] 在全党全国各族人民的共同努力下，脱贫攻坚战取得全面胜利，现行标准下9899万农村贫困人口全部脱贫，全国832个贫困县全部摘帽，12.8万个贫困村全部出列。青海省大通县边麻沟村的脱贫攻坚工作，是全国诸多贫困村中的一个缩影，是党组织带领群众脱贫致富的一面旗帜。该村通过发展乡村旅游激活基层组织治理，形成了基层党组织领导下的"村民共同致富、村庄共同发展"的村域共同体，构建了"中心党委＋村党支部＋公司/合作社＋贫困户/村民"的村域利益联结机制，在实现脱贫致富目标的同时，也为乡村振兴奠定了坚实的社会基础。

[①] 习近平:《在全国脱贫攻坚总结表彰大会上的讲话》，2021年2月25日，http://news.cyol.com/gb/articles/2021-02/25/content_qxajEfpdL.html。

一、遭遇治理困境的边麻沟村村情

（一）基本村情

边麻沟村，距离大通回族土族自治县城桥头镇东14千米，现隶属朔北藏族乡管辖，是该乡所辖弯沟片区最远最深的一个村子，东与互助县磨儿沟村接壤。该村下辖三个自然村，有藏、汉、蒙古、土等民族，共有162户612人，其中少数民族412人，占总人口的67%。全村平均海拔2800米，年降雨量580毫米，绝对无霜期68天，辖区总面积3.5平方千米，其中耕地面积1600亩，退耕地321.2亩（人均耕地面积3.2亩），均为山坡旱地，农作物主要种植油菜、小麦和土豆，经济收入普遍较低。

（二）治理困境

与西部贫困地区的多数村庄一样，边麻沟村是个典型的"空心村"。当地的非农经济不发达，农业种植饱受霜冻、冰雹、干旱等自然灾害困扰，村民基本"靠天吃饭"，生计十分艰难，全村娶不上媳妇的"光棍汉"有近90个，是一个被外乡人戏称为"一年只有半年粮，有女不嫁边麻沟郎"的贫穷落后村。为了维持生活，村里面大多数青壮年只能外出打工，也源于此，村里不仅有老人、妇女和儿童构成的庞大留守群体，而且村两委干部也长期找不到合适的人担任，基层组织基本处于涣散的状态。

我刚来边麻沟村当村主任的时候（2011年，笔者注），（村里）账户里面不仅没有钱，还拖欠了一屁股账。上届村两委干部，从村支书到村会计，都是村里面 50 多岁的光棍。年轻人都出去找钱了，村里没有人当村干部，有时候也只能以轮流的方式选任村干部。（村支书李培东访谈记录，2019 年 9 月 13 日）

基层党组织难以发挥作用，边麻沟村又没有其他权威组织能够代替，整个村庄治理陷入混乱局面，无论是基础设施，还是医疗卫生、基础教育、文化生活等，均面临重重问题。全村集体经济没有来源，村民收入普遍偏低，基础设施与公共服务极端缺乏，村委会无合适办公场所，村民长期出行不便，无集体活动空间，1949 年以来边麻沟村考取大专以上学历人数仅 17 人，其中本科

图 1-1　边麻沟村村头

生只有6人，至今没有在行政事业单位取得正式岗位编制的人员。

（三）资源优势

边麻沟村坐拥"绿水青山"，却一直难以转变为"金山银山"。边麻沟村，如其村名一样，生态资源禀赋非常优越。边麻花，是青海浅脑山地区随处可见的一种野生灌木植物，生命力十分强健，开黄色和白色的小碎花，学名分别叫"金露梅"和"银露梅"，在藏名中也有"格桑花"之称，喻其吉祥圣洁，一到夏季，边麻沟村满山遍野便开满这种野花，村子因此得名，是属于花的村子。

在区位方面，边麻沟村地处鸳沟片区深处，位于祁连山脉南侧余脉，属高原谷地格局，紧邻大通县国有林场东峡林场，并有鸳沟河沿村自东向西汇入东峡河，这里树木葱茏，高山流水，有若世外桃源。实际上，边麻沟村在发展乡村旅游之前，就已经是当地重要的露营场所，许多城里人驱车前来，村里也曾发展有几家农家乐，但无组织的生态旅游没有给村子带来实质收益。

二、组织动员：边麻沟村的旅游扶贫行动

（一）边麻沟村治理秩序的初步形成

边麻沟村改变的开始，是在乡党委、政府的领导下重建村两委组织。2009年，三部委发布农村危房改造工作指导意见，意见下到村里之后，边麻沟村村民李某，便联系在县城开驾校"认识很多领导"的本村村民李培东，动员其争取领导支持，在名额分配中"也给边麻沟村几个指标"。因为这件事情的"成功办妥"，

村民们开始意识到，一位"能干事"的村干部能给村庄发展带来什么样的改变，在 2011 年的换届选举中，村民们主动把李培东选为了村主任，并得到乡党委、政府的大力支持。

李培东当选村主任，抱着"为村民干点好事"的心态，在 2011—2015 年间（2014 年，李培东担任村支书），争取获得上级领导及各行业部门支持，落实农村奖励性住房 82 户，危旧房改造 33 户，并且通过墙体改造、广场修建和村道整修等系列工程，使边麻沟村的村容村貌得到极大改善。在努力向上要项目的同时，李培东向下狠抓村庄整治：(1)村委欠账清理，使村委与村民的关系得到改善；(2)村委人事变革，村庄党员及干部队伍中吸纳了新鲜血液；(3)改善村委办公场所，村民议事及相应的会务规章制度得到加强；(4)构筑团结纽带，架通村民与村庄发展的利益环节。这一系列举措，为村庄的社会治理打下了良好的组织基础，但是，要进一步实现村庄发展，边麻沟村仍然欠缺一个契机。

（二）脱贫攻坚与旅游扶贫的县域动员

2015 年，大通县脱贫攻坚工作正式启动。2016 年，大通县全面推进扶贫脱贫攻坚工作，并经多轮精准识别和动态调整，确定贫困村 116 个、贫困人口 7999 户 28373 人。根据中央和省市安排部署，制定《大通县脱贫攻坚行动方案》，系统实施"八个一批"脱贫攻坚计划和"十个行业扶贫"专项行动，以切实推进贫困村退出、贫困人口稳定脱贫的工作目标，完成贫困县脱贫摘帽的政治任务。其中，乡村旅游扶贫，既是"八个一批"中"产业发展脱贫一批"的主要内容，也是结合"文化惠民""高原美丽乡村建设扶贫"专项行动的关键举措，成为大通县打赢这次脱贫攻坚战的重要选项。

2015年，由大通县扶贫办牵头，制定实施了《大通县旅游扶贫项目实施方案》，项目选点在生态资源相对丰富的边麻沟村、康乐村两个贫困村，当时整合资金约892万元（财政扶贫资金400万元、行业配套资金231万元、群众自筹261万元），主要投入方向在村庄的旅游配套设施，包括基础设施改善及相应的景区建设。2016年开始，乡村旅游扶贫正式进入大通县发展话语中，乡村生态旅游、文化惠民与高原美丽乡村建设项目同步实施，在推进村庄宜居环境改善的基础上助推乡村旅游的提质升级，比如，2015—2018年，仅仅是乡村旅游项目的政府投入资金就达到1021万元。

在此背景下，边麻沟村紧抓历史机遇，在村两委班子的反复论证下，结合村庄实情，确立了发展乡村旅游的脱贫思路，并积极争取县扶贫办的支持，最终获批200万元的产业扶贫项目。尤为重要的是，边麻沟村所属朔北藏族乡，在精准识别中也核定出贫困村5个，其中，所辖窎沟片区就占3个，即东至沟、麻家庄、郑家沟三村，三村共有225户贫困户756人。如何依托同属窎沟片区、以窎沟公路（村道）相连的边麻沟村的生态环境资源，集中连片开发村域旅游，在边麻沟村实现发展的同时带动3个贫困村脱贫致富，成为朔北藏族乡决胜脱贫攻坚的基本思路。正是在大通县脱贫攻坚的上下组织动员中，边麻沟村迎来了发展契机，大通县也走出了一条"跳出贫困村，来推动贫困村脱贫"的村域旅游发展之路。

（三）村域旅游：鸾沟片区中的边麻沟

2015年年底，边麻沟村开始落实200万的扶贫产业项目，在多方讨论之下，村两委确定了利用生态旅游资源优势和荒坡土地，全力打造"花海农庄"的乡村旅游发展路径。在县乡两级党委、政府的充分肯定和大力支持下，边麻沟村组建合作社，最终投入近1300万元进行了"花海农庄"建设。其中，政府整合资金600万元，村民集资入股660万元，9名贫困户人均入股5400元（户户产业项目资金），流转村民3200亩林地、600亩耕地。2016年，"花海农庄"吸纳300余人务工，发放各类工资90余万元；依托"花海农庄"，村里的农家乐也从5家增加到20家；通过销售门票、提供餐饮服务等创造产值1000余万元，纯收入近600万元（门票收入140余万元，餐饮服务收入460余万元），边麻沟村户均增收达4000元。同年，边麻沟村"花海农庄"被省林业厅授予"青海省林下经济森林景观利用示范基地"称号。

边麻沟村的旅游效益初步显现，但如何提质升级，并带动鸾沟片区其他村庄尤其是贫困村的脱贫致富，仍然有待解决。2017年，县委、县政府借东西部协作的良好机遇，在江苏省南京市雨花台区和江宁区的积极帮扶下，联系南京大学城市规划设计研究院，对鸾沟片区乡村旅游发展进行整体规划。研究院在前期踏勘基础上，带领团队20余人，用时3个月，在"由点到面，以线串联，示范引领，全域统筹"规划思路下，把自上而下的规划与自下而上的建设相结合，走村入户，听取多方意见，前后修稿8次，最终完成《大通县朔北藏族乡鸾沟片区美丽乡村规划》。该规划对鸾沟片区10个村庄，按照"一村一特色、一村一景点"原则进行规划设计，并梳理出"一核一带三组团"的村域旅游发展理念，精准定位了鸯沟片区 10 个村庄的乡村旅游发展思路、主导产业和实现途径。这个规划无疑是包括边麻沟村在内的鸯沟片区 10 个村庄脱贫致富的强心剂和方向标，一套村域旅游的发展纲要初步形成。

图 1-2　边麻沟花海

2017 年 7 月—2018 年 10 月，鸯沟片区乡村旅游扶贫产业园的核心区（即"一核"建设，主要涉及边麻沟村与东至沟村），按照规划设计动工完成，总投资约 1.25 亿元。其中，南京市雨花台区对口帮扶资金 670 万元；省扶贫开发局下达扶贫产业园资金 1500 万元；整合朔磨段风貌提升资金 468 万元、村庄一事一议项目资金1067万元；其他资金为社会投资及县级财政自筹。在资金到位的同时，大通县委领导组建了朔北藏族乡窎沟片区旅游联盟中心党委，通过积极发挥中心党委在促进乡村旅游、打赢脱贫攻坚战中的主心骨和战斗堡垒作用，构建了以中心党委为核心，窎沟片区10个村党支部"优势互补、资源共享、互惠互利、共同发展"的党建工作联盟体系，形成了"优势资源共用、团结协作共赢、困难群体共帮、打造特色共富、发展成果共享"的基层党组织建设新路子，为窎沟片区乡村旅游扶贫产业园健康发展提供了强有力的组织保障。

目前，边麻沟村及东至沟村，共建设完成五星级乡村旅游接待点"林谷木屋"39栋，1500平方米民俗风情街及生态停车场、

图1-3 残疾人李生林开的农家院

图1-4 东西部扶贫协作之"林谷木屋"

污水管网、游步道、道路、强弱电改造等旅游配套设施，并成立相应的运营公司金露梅旅游开发有限公司。旅游扶贫效益：第一，鸾沟片区扶贫产业园吸纳东至沟村、边麻沟村223名（贫困户34名）村民就地务工，务工收入高达200余万元；34名贫困群众平均务工增收5000元；解决当地90余名群众固定就业（花海农庄50余名、金露梅公司40名），每月工资2400元；临时用工2400余人（次），收入192万余元；园区农户建成农家乐80余家，家庭宾馆12家。第二，2018年边麻沟花海景区接待游客70多万人次，实现门票收入450万元；2019年，门票收入470万元，"林谷木屋"收入151万元（纯收入45万元）；2020年，受疫情影响，门票收入为280万元，2020年度花海景区为558名村民发放分红约25.32万元，2018年至2020年，累计为鸾沟片区10个村分红66万元。第三，全村贫困人口人均纯收入从2015年的2386.7元增加到2020年的14805元，增长近六倍。

三、村域共同体：旅游扶贫助推基层治理

以边麻沟村为核心的朔北藏族乡窎沟片区，在 2018 年年底，实现了贫困村全部退出、贫困人口全部脱贫的目标，从脱贫成效的角度，显然拿到了 100 分。如果从村庄可持续发展的角度来看，边麻沟村的乡村旅游扶贫实践更是超越了 100 分，做了更加重要的"附加题"——通过发展乡村旅游激活基层组织治理，形成了基层党组织领导下的"村民共同致富、村庄共同发展"的村域共同体，构建了"中心党委＋村党支部＋公司／合作社＋贫困户／村民"的村域利益联结机制，从而为下一步乡村振兴打下良好的社会治理基础。主要经验为：

（一）"中心党委"：党建重塑治理责任

边麻沟村在村两委的带领下，取得了县委、县政府的政策、资金支持，以"花海农庄"项目的落成取得了村庄优先发展的权利。但是，边麻沟村处于窎沟片区深处，从大通县城前往该村，必须经过其余几个村庄，如何规范边麻沟村旅游的外部环境，平衡邻近村庄之间的发展利益，弥合村庄之间村民的贫富差距，统筹村庄之间的资源分配，在边麻沟村实现旅游发展的同时，带动窎沟片区其他村庄脱贫致富，是有待解决的治理难题。

在过去的治理实践中，村庄之间的利益协调通常由乡镇一级政府进行统筹，对于原生秩序比较缺乏的村庄，强有力的乡镇行政介入，更是确保村级事务有效实施的关键。但是，乡村社会的不规则性、村级事务的整体性和综合性以及乡村问题的变动性，限制了乡镇政府科层理性的扩张。在基层治理中，较科层体制有

更高权威的是党政体制。党政体制，通过设定中心工作确定目标、整合部门资源开展治理和实施督促检查验收评比机制，能够在短时期内完成治理事务所需要的治理主体和治理资源的动员，从而有效推动乡村社会的整体改观。

为了有效发挥党政体制在基层治理中的引领作用，整合各村特色旅游资源，大通县委创造性地成立了朔北藏族乡鹞沟片区旅游联盟中心党委（简称中心党委）。中心党委设委员13名，其中书记1名，由朔北藏族乡党委书记担任；第一副书记1名，由朔北藏族乡党委副书记担任；副书记3名，由朔北藏族乡组织委员及边麻沟村、菜子口村党支部书记担任；委员8名，由鹞沟片区其余8个村的村党支部书记兼任。中心党委的成立，是大通县委推动脱贫攻坚工作，对鹞沟片区旅游发展进行有效治理的重要创新：第一，由乡党委书记担任中心党委书记，能够强有力地贯彻落实县委的政治决策，并把领导的地位优势转换为协调村庄之间利益的组织能力，从而高位推动村域旅游的高速发展；第二，由村党支部书记担任副书记及委员，有利于完成上级政策的配合与执行，同时更加注重农村基层党组织在村级事务中的主体责任，充分发挥村庄党员干部在旅游扶贫中的带头作用。

在中心党委的领导下，鹞沟片区旅游扶贫产业园投入的专项扶贫资金形成的固定资产，折股量化后归鹞沟片区10个村所有。在收益分配方面，则按照5∶3∶2模式，收益的50%用于产业园提档升级和壮大；收益的30%分配到鹞沟片区10个村，其中，目前的核心区域边麻沟村和东至沟村，分配比例略高；收益的20%用于鹞沟片区10个村补助重大灾害家庭、残疾人、低保兜底户，慰问困难党员、困难群众等（各村均按照"一事一议"

进行合理使用）。此外，中心党委还积极引导10个村，根据本村村情，围绕乡村旅游发展相应的农家乐、农家宾馆、民俗接待、民俗小吃、手工制品、特色农产品等营利性经济，并优先安排10个村的贫困劳动力就地发展，村庄之间的资源互补和旅游产业的集聚优势开始逐步显现，一个互助合作的村域旅游市场逐渐形成。

为了进一步规范统一的村域旅游市场，相应的组织手段、制度手段被运用于弯沟片区的治理中：第一，由乡政府成立专业的运营公司，即金露梅公司，并聘请职业经理，进行统一的运营与管理；第二，账目管理方面，在严格落实"三资"管理制度基础上，收益资金全部转至乡镇村级乡管专用账户，以村财乡管村用的方式，将收益资金合理开支，建立专账，并且每半年向群众及时公开；第三，资金使用方面，规范收支流程，由乡政府组织对年收益情况进行查验审核，确定可进行收益分配的金额并提出"一事一议"年度收益分配方案，经乡党委、政府组织10个村干部及村民代表会议审议通过，并在政务公开栏公开公示，无异议后经乡党委、政府同意后执行；第四，在监督检查方面，乡政府联合县审计部门加强对村级收益分配使用情况的监督检查，并定期、不定期开展抽查、审计，确保工作规范运行，收益分配公正合理，保证集体和群众利益不受侵害。

（二）"村社合一"：嵌入村庄结构的旅游扶贫

在乡村旅游扶贫中，村民参与（尤其是贫困人口参与）扮演着重要角色，它既是旅游目的地建设的关键，也是减缓失业和贫困的有效途径。但是，旅游扶贫中的村民参与面临着诸多挑战与障碍，如操作障碍、结构障碍和文化障碍。其中，因知识、权力缺乏导致的结构性障碍是村民参与旅游的主要障碍，即使在旅游扶贫背景下，有些旅游开发也存在着旅游资源被外来企业或乡村精英控制的现象，使得村民参与极度弱化，甚至成了象征性的做法，一定程度上使得村民参与旅游的积极性严重受挫，再加之参与成本高昂，村民参与的实际效果不太理想。

为提升村民尤其是贫困人口参与旅游的积极性，充分享有旅游发展的收益，边麻沟村在乡镇党委、政府的领导下，结合本村村情，在召开村民大会的基础上，以确定集体经济组织成员身份入手进行了集体经济产权改革，并在中心党委的领导下，按照鸾沟片区"一村一特色、一村一景点"的发展理念，选择了以"花海农庄"为主要对象的"村社合一"的旅游发展模式。"村社合一"，即把组织协调群众交给村党支部和村委会，而把生产营运交给专业合作社，从而将村党组织的政治优势转化为合作社的经济发展优势，让村民尤其是贫困户融入合作社产业发展中，实现脱贫致富。"村社合一"的集体经济发展模式，既关注村庄经济目标和政治目标的实现，同时也对村庄既有社会结构、社会联结、社会秩序这些村庄可持续发展的社会基础给予足够的重视，从而在发展农村集体经济的同时，积极推动村民参与，促进乡土社会结构的有效治理。

具体而言，边麻沟村"村社合一"的制度安排如下：第一，由村党支部书记兼任合作社理事长，村委会主任兼任副理事长，并通过法定程序实行双向进入、交叉任职，实现村务管理职责与合作社经营职能的有机结合，构建了"三块牌子、一套人马"（村党支部、村委会、合作社）的组织架构；第二，边麻沟村根据相关要求，经过多次村民大会讨论，确定了本村160户558名村民的合作社成员资格；第三，资产量化方面，实行"确权确股不确资"，即将确股的资产采取档案化形式确定股民所占的股份份额，获得收益后则按股分红；第四，股权设置方面，以成员股为主设置股种，即设置集体经营性资产股、资源性资产股、公益性资产股，然后根据经营性净资产和成员数进行一次性折股量化，由成员按份享有"成员股"，最后折算归集到户；第五，在股权管理方面，采取"量化到成员、固化到户"的管理模式，原则上实行"两不增、两不减"（生不增、死不减，进不增、出不减）的静态管理办法，以户为单位向成员出具股权证书，作为其占有集体资产股份、参与决策管理、享有收益的有效凭证。

通过上述制度安排，边麻沟村以合作社为平台，对村民进行了再组织化，使得本村的旅游发展与每一个村民的切身利益直接挂钩，村民或以股东身份参与合作社的经营决策，或以雇员身份在"花海农庄"中获得务工报酬，并能最终享有合作社的收益分红，村民的主体性得到显著增强，参与村庄旅游发展积极性也显著提高，贫困人口通过专业培训，也能获得在"花海农庄"务工的就业机会。

在规范村集体经济利益联结机制的同时，边麻沟村村两委带领村民对村庄旅游环境实施了同步治理。随着乡村旅游的发展，村里开设农家乐的农户也增加到80余户，如何规范农户之间的良性竞争，提升旅游设施与农产品供给品质，是边麻沟村旅游能否可持续发展的重要议题。在村两委的推动下，相关农户建立微信群，并召开线下协调会议，商议制定了系列规范，包括农家乐环境卫生标准、农家乐菜品定价规定、农家乐游客接待规则等，村两委则随时对农家乐进行抽查，一旦发现违规现象，便进行全村通报。这些举措使得全村形成局部性统一市场，在此基础上，村两委开始着手成立农家乐评级组织，按照村民商议的相关标准，每年对村里面的农家乐进行星级评定，以变相激励农家乐之间的市场竞争。

  实际上，我们村农家乐之间形成了比较好的秩序。比如，商议菜价，一盘土豆丝，就两个土豆，我们统一定价10元，来年物价有变动，我们就再调整。……旅游旺季的时候，有些农家乐忙不过来，我在群里就看到他们主动发布消息，把游客转接到别家去。……还有，有些家也要雇帮工，如此一来，村里面其他农户虽然自己没开（农家乐），但他可能有家人在农家乐里面拿钱赚钱，为了村庄的共同发展，他也会搞好自家门前的卫生，不然没有游客入村，谁都赚不了钱。（村支书李培东访谈记录，2019年9月13日）

图1-5　边麻沟村党支部书记李培东

(三)村民团结:重建乡土纽带

在以市场化、城镇化为代表的快速现代化过程中,农村青壮年劳动力大量流向城市,农村社会原有的权威结构、文化观念以及组织纽带均发生着深刻的变化。其中,在村民团结方面,一方面农村社会被不断强化的家庭、家族力量塑形,形成村庄团结的基础,但另一方面,邻里关系、家庭之间的社会互动以及地缘团结却十分松散。在此背景下,边麻沟村在乡村旅游扶贫实践中,以旅游发展的现实利益,把村民团结在村庄发展的红利中,不仅贫困户收入水平得到提升,非贫困户也从中获利。但是,因利益建立的联结纽带,也容易因利益的冲突或消失而断裂,为此,边麻沟村进一步打造村庄共同体,重新构建村庄团结的血缘、地缘纽带,促进村民之间的亲密团结,为村庄的可持续发展构建坚实的社会基础。

2016年,"花海农庄"初步实现收益,村两委商议决定,把集体经济的分红拿出部分来,组织村里年满60岁的老人外出旅游,其中,由村集体补贴一半钱,自愿参与本次活动的农户家庭出一半钱。从尊老的角度,切入到村庄共同体的建设,无疑是边麻沟村基层智慧的表现:一方面,村里面留守的以老年人居多,通过带领老年人外出旅行,也使他们增长了见识,对于村庄的未来发展非常有益;另一方面,更为重要的是,儿女在外打工,能够表现孝心的机会不多,同时老人之间在旅行过程中的互相交流,无疑也是增加邻里感情的重要契机。

村集体也能够进行全额补贴,但是这个活动,必须得家庭出一半钱,这是儿女对老人孝敬的表现。当然,对于贫困户家庭的

老人，这个钱是村里面出的。（村支书李培东访谈记录，2019年9月13日）

我们两口子都出去了，这辈子还是第一次去那么远的地方，我们去的北京，长了见识，开了眼界，我们看到别人家的农家乐，弄得非常干净，服务也非常好，回来之后，我们就这样学着人家做。……以前我们接待城里人，不会讲话，去了两次外地，我们也敢说话了，就是长了些眼界。（村民邱某访谈记录，2019年9月13日）

2017年，边麻沟村实现了全村所有60岁以上老年人都至少外出旅游一次的目标，2018年又再次以家庭为单位组织农家乐从业人员以自费方式外出旅游考察，这些活动获得了村民们的广泛认可，家庭、邻里之间的团结纽带得到加强，村两委的组织声望也得到提升。在此基础上，边麻沟村进一步从乡风文明、村规民约入手，积极构建乡村社会的内生秩序。2018年，在党支部带领下，积极开展"五星级文明户""好媳妇""好婆婆""好女婿"等评选活动，弘扬时代正气，树立了村民榜样；2019年，边麻沟村成立红白理事会，制定相关章程、民约，以规避物质增长可能带来的人情攀比和竞争性消费现象，重拾情感为先的人情礼俗等。

四、结语

边麻沟村在县乡两级党委、政府的领导下，紧抓脱贫攻坚的历史机遇，按照窎沟片区"一村一特色、一村一景点"的设计规划理念，发展成为以"花海农庄"为主要旅游品牌，集花卉基地、农家乐餐饮、"林谷木屋"民宿及其他乡村娱乐为一体的旅游度假基地。经过多年发展，边麻沟村一改过去贫穷落后的局面，村容村貌得到极大改善，包括贫困人口在内的所有村民均实现了脱贫致富，在本村实现发展的同时，带动邻近村庄贫困人口共同富裕，探索形成一种以村民团结为基础、嵌入村庄社会结构的村域旅游扶贫模式。

（一）村庄内在秩序的建立是旅游持续发展的基础

边麻沟村在落地"花海农庄"扶贫产业项目之前，两委干部就积极带领村民"主动求变"，在进行村庄内部治理的同时积极向上级争取产业项目。在发展乡村旅游过程中，更进一步提升村两委的组织力量，并采取系列举措，如组织村民外出旅游、制定村规民约等，从而凝聚人心，强化村庄团结血缘、地缘纽带，更以"村社合一"方式推进村庄利益共同体建设。这种内在秩序的形成，在降低乡村旅游市场治理成本的同时，更为乡村旅游的持续发展奠定坚实的政治和社会基础。

（二）基层党组织的领导是保障村域旅游形成的关键力量

贫困地区乡村旅游的发展依赖政府资源的投入，然而由于乡村社会的不规则性和村级事务的复杂性，尤其脱贫攻坚期间涉及多个村庄的利益协调时，基层党组织相较而言具有更高的权威性及更强的灵活性，从而能够快速集中政府资源并协调村民参与，在短时期内以政府和村庄的共同行动来促进各村发展。边麻沟村所在朔北藏族乡，为了协调窎沟片区10个村庄的旅游事务成立了中心党委，并运用组织手段、制度手段、经济手段等建立起村庄之间的利益联结机制，推动村域旅游开发模式的形成，也使边麻沟村能够依托峗沟片区其他村庄的特色资源，实现优势互补，中心党委的成立，为未来各村旅游的可持续发展奠定了坚实的组织基础。

（三）村民参与是乡村旅游扶贫得以成功的关键因素

乡村旅游扶贫的核心就在于通过村民参与，尤其是贫困人群的旅游参与，来消减贫困。边麻沟村的旅游发展，是在村两委的带领下，通过"村社合一"方式进行相关制度性安排，来确保每一个村民均成为合作社股东从而可能平等地参与旅游发展决策，同时针对贫困户还提供旅游相关的就业培训，如农家乐培训、花卉种植培训、民宿服务培训等，使其在地就业成为可能。以此方式，村民们紧密团结在村域旅游发展的利益链条上，使边麻沟村旅游的可持续发展有了坚实的群众基础。

2021年，国家"十四五"规划中明确提出了"坚持农业农村优先发展，全面推进乡村振兴"的重要战略举措。为了进一步巩固拓展脱贫攻坚成果，接续推动脱贫地区发展和乡村全面振兴，大通县制定了《关于实现巩固拓展脱贫成果同乡村振兴有效衔接的实施方案》，明确了全县从集中资源支持脱贫攻坚转向巩固拓展脱贫攻坚成果和全面推进乡村振兴的工作思路。边麻沟村脱贫攻坚工作为全面推进乡村振兴奠定了坚实基础，立足新发展阶段，边麻沟村要继续发挥基层党组织的战斗堡垒作用，持续创新基层党组织的领导力、组织力和执行力，发扬脱贫攻坚精神，推进乡村旅游的高质量发展，使群众获得感、幸福感、安全感更加充实、更有保障、更可持续。

（本案例执笔人：徐磊　孙兆霞　宗世法）

案例点评

　　习近平总书记曾指出,中国脱贫攻坚战取得的全面胜利,离不开中国共产党的坚强领导,中国共产党具有无比坚强的领导力、组织力、执行力,是团结带领人民攻坚克难、开拓前进最可靠的领导力量。① 大通县边麻沟村的脱贫攻坚工作,是全国诸多贫困村脱贫的缩影,是党组织带领群众脱贫致富的一面旗帜。2015 年以前,边麻沟村还是"一年只有半年粮,有女不嫁边麻沟郎"的贫穷落后村子,2015 年启动脱贫攻坚工作以来,在县乡两级党委、政府领导下,在南京市雨花台区和江宁区的协作帮扶下,边麻沟村村两委积极发展花海乡村旅游,激活了基层组织治理,形成了基层党组织领导下的"村民共同致富、村庄共同发展"的村域共同体,构建了"中心党委+村党支部+公司/合作社+贫困户/村民"的村域利益联结机制,在实现脱贫致富目标的同时,也为村庄治理奠定了坚实的社会基础。边麻沟村的脱贫攻坚实践,是党组织带领广大人民群众过上"幸福像花儿一样"美好生活的典型案例,其经验做法也将为乡村振兴提供借鉴。

（点评人：王春光,中国社会科学院社会学所研究员）

---

① 习近平:《在全国脱贫攻坚总结表彰大会上的讲话》,2021 年 2 月 25 日,http://news.cyol.com/gb/articles/2021-02/25/content_qxajEfpdL.html。

第二章

德吉村：
易地搬迁通往幸福

德吉村是一个藏族村落，隶属于青海省黄南藏族自治州尖扎县，是尖扎县在扶贫攻坚战中通过易地扶贫搬迁并取得显著成效的一个再造的移民村落。"德吉"在藏语中是"幸福"的意思。现在，德吉村既是一个贫困群体易地搬迁后集中安置的村落，也是一个主要发展乡村旅游并适当兼顾其他相关产业的村落。2018年，全村旅游总收入达215万元，全部村民顺利实现脱贫。为此，它被评为"全省移民易地搬迁安置示范点""中国最美休闲乡村"和全省"AAA"级景区，成为不折不扣的环境优美、宜居舒适、风格独特、特色鲜明的生态景观村落。2019年上半年，全村接待游客18万人次，车辆约1.6万辆，旅游总收入达530万元，已成为一个生机勃勃、富有活力、繁荣幸福的移民村落。本报告通过对国家在这一村庄的扶贫实践的分析，揭示出他们如何从贫困通往幸福。

一、德吉村基本情况及致贫原因

尖扎县地处青藏高原黄南藏族自治州北部，下辖3个镇6个乡1个办事处86个行政村8个社区，总面积1714平方千米，总人口5.82万人，其中，农业人口为4.296万人，是一个以农业为主，农牧结合的农业县，也是国家确定深度贫困县。在全县的10个乡镇或办事处中，尖扎滩、当顺、能科、措周、贾加、坎布拉乡6个乡镇属于深度贫困乡镇。截至2016年年底，全县核定贫困村34个，贫困人口共2558户9642人，贫困发生率高达22.44%。

德吉村位于尖扎县昂拉乡，处于尖扎、化隆两县交界处，正好坐落在黄河岸边，距尖扎县城约8千米。其实，在脱贫攻坚之前，尖扎县并不存在"德吉村"这样一个村落。就村落位置而言，今天德吉村所在的地方，仅仅是黄河岸边的一块荒沙滩而已，到处长满了杂草和荆棘，以及零星的灌木丛。在国家易地扶贫搬迁政策的支持下，此村落始建于2016年，2017年完工并全部入住，安置了全县5个乡2个镇30个村251户易地搬迁农户，共946人，其中有866名属于建档立卡贫困户。

需要指出的是，这些村民虽然来自不同的地方，致贫的原因有着一定的差异，但是，也存在着一些共同的地方。概括起来主要有：

（一）生态环境因素

生态环境特殊，基础设施建设难度大，维护成本高，导致发展基础长期相对滞后。易地搬迁至德吉村的这些移民，在搬迁之前主要生活在山大沟深、海拔落差较大、自然条件相对恶劣的地方。"在很多地方，山下和山上，海拔从2000多米到3000多米，居住在这里的人们，出行一趟真的很不容易，特别是在每年10月中下旬到次年4月上旬这段时间，更是不方便。"（2019年9月11日访谈旦增县长）调研中，我们发现尖扎的生态很重要同时也很脆弱，一方面地处三江源保护区，黄河从境内流过，生态环境和生态功能重要性不言而喻；另一方面植被稀疏，水土流失严重，生态环境脆弱。尖扎县属青藏高原和黄土高原的过渡带，山大沟深，是全省水土流失最严重的地区之一。很多山的表面裸露着碎石、泥土，看上去基本上都是光秃秃的。放眼望去，这里的树木很少，主要是生长在山底下。从半山往上，基本上就长不出树来了，条件稍微好一点的地方，也只能长一点草皮而已。当地人告诉我们，如果这些草皮被破坏了，恢复起来就非常困难了。受这种生态环境和地质条件的共同影响，当地的基础设施建设长期以来一直处于相对落后的状态。接受我们访谈的交通局的拉龙局长表示，从县城通往乡镇特别是一些贫困村的公路，好不容易才修好，可是受极端气候和复杂地质条件的影响，用不了多久就可能被破坏了，其使用寿命大为缩短。一句话，修建成本和养护成本都很高。于是，这里总是出现修了坏，坏了修，再修再坏的情况（2019年9月12日访谈拉龙当知）。县水利局的冯建明同志也谈到这种情况在饮水方面同样如此。自然环境特殊，基础设施落后，当地人在交通出行、饮水安全、生产生活、教育医疗、经济发展等方面显然就会受到很大的制约。以搬迁至德吉村的尖扎滩乡萨尕尼哈村为例，村民们从村里到乡里骑摩托要花一个多小时，从乡里再到县城则要花数小时，平时倒还能克服，一旦遇到紧急情况（如突发疾病等）需要到乡里特别是县里就心急如焚了，甚至有时会因此而耽误事情。

（二）土地资源因素

土地资源约束明显，生计方式单一，生产方式较为粗放，导致产业发展水平较低，农户收入水平提升困难。今天居住在德吉村的人们，易地搬迁之前主要是居住在尖扎县域内的浅脑山地区。他们世居的地方，适于耕作的土地资源极为有限，加上生产方式还停留在比较粗放的层面，所以依靠土地的收入非常有限。在浅脑山地区，人们主要种植油菜、青稞、马铃薯、蚕豆等农作物。受高海拔和特定的土壤条件的限制，加上种植采取的基本上是广种薄收的方式，当地农作物的产量较低，以油菜为例，一般地块的产量常常在100公斤左右，约为青海西宁川水地区或河谷地带的同样地块的产量的60%—70%。虽然尖扎县人口不到6万人，但真正适于种植农作物的土地其实并不多，相对肥沃、高产一些的优质地块就更少了。调研中，县农牧和科技局的同志告诉我们，在浅脑山地区，一般是人均2亩地，稍微多一些的大约是2.5亩。至于条件好一些的水浇地，最多不会超过1.5亩（2019年9月12日访谈夏吾乃旦）。这一情况也得到来自南当村的搬迁户闹尖措的证实。她说，在南当，一般人家四五口人，实际可以耕种的土地就那么几块，收油菜籽就是250公斤左右，青稞500多公斤，马铃薯则多一些。我们估算一下，大约也是人均2亩地。此外，这里常常会遭遇凝冻、冰雹、洪水等对农业生产不利的极端天气的影响，所以老百姓通过土地获得的收益通常会更少，产业发展仍然处于较低的水平。换句话说，这里的人地矛盾还是比较突出的，发展的制约性因素较为突出，的确面临着"一方水土养不起一方人"的现实问题，因此，运用移民搬迁的方式来解决这些地区的贫困问题自然就成为了一个重要的选项。

正因为如此，在精准扶贫之前相当长一段时间，当地政府就曾思考过运用移民搬迁的方式来解决贫困问题，但由于受资金、资源、政策等方方面面的条件所限,最终未能成行。精准扶贫实施以来,由于国家有了更大力度的政策和资金支持,尖扎县政府下定决心,认真部署,通过大量实地调研,认真聆听老百姓要求摆脱贫困的诉求,在经过反反复复几次论证后,决定整合各方面的资源和条件,在县域内的康杨镇、措周乡、尖扎滩乡进行乡镇范围内的易地移民安置,同时也在县城所在地的马克唐镇及城郊的昂拉乡进行县域范围内的易地移民搬迁。本调研报告中的德吉村是将马克唐镇的娘毛村、李加村,多加办事处,能科乡的德欠村,贾加乡的贾加村、南当村、羊来村、安中村和措周乡的洛哇村、俄什加村、措香村,当顺乡东果村,尖扎滩乡萨尕尼哈村、达拉卡村等5个乡2个镇的建档立卡贫困户226户866人和25户非贫困户80人一起搬迁至县城附近的德吉村,探索"山上问题,山下解决"的"挪穷窝,移穷业"新路径。

图 2-1 德吉村易地扶贫搬迁安置点新居

二、德吉村的减贫发展：机理、路径与实践

（一）以党建促进脱贫攻坚

在中央扶贫开发工作会议上，中共中央总书记习近平指出："抓好党建促脱贫攻坚，是贫困地区脱贫致富的重要经验。"作为一个完全新建的移民集中安置村落（社区），德吉村的党建工作事实上是在一个县域内涵盖了县、乡镇、村以及相关业务部门等在内的各级党组织的建设。具体是：

1.将党建理论学习与减贫行动有机结合起来。扶贫攻坚战开始实施以来，尖扎县为提高各县直部门、乡镇党委各党组织的政治站位，切实把全县党员干部职工思想统一到中央关于脱贫攻坚的工作部署上来，县委以强化政治引领为抓手，不断在筑牢思想根基上想办法、出实招：一是严格落实党组织书记抓脱贫攻坚的主体责任，将脱贫攻坚工作纳入重要议事日程，明确要求每两个月召开党委会或党组会研究一次脱贫攻坚工作，确保精准扶贫精准脱贫的有关精神、政策、要求等得到切实贯彻与有效落实；二是利用"三会一课"、周一或周五例会、每月25日党员学习日等时机，保证机关党员干部、农牧民党员每月至少开展一次与脱贫攻坚相关的集中学习，不断强化脱贫攻坚新政策、新理论、新动态的学习，进一步巩固党员干部思想基础；三是强化对习近平总书记关于扶贫工作重要论述、中共中央和中共青海省委关于脱贫攻坚等重大决策和政策制度的学习，努力在学深弄通做实上下功夫，并建立党建指导员制度，制定并落实干部教育培训计划，将这些内容贯彻下去。具体到德吉村的新建，在县委的领导下，尖

扎县及时成立县级易地扶贫搬迁工作领导小组，设立办公室，建立了领导包点、包村责任制；各涉及易地移民至德吉村的乡镇也成立相应的工作机构，并抽调专人，进行力量的充实，由此形成了逐级负责的工作落实机制，从而确保了易地扶贫搬迁安置工作的有序推进和扎实开展。

2. 建立和实施一套对县域内党员干部的激励与约束机制。脱贫攻坚战是一项非常具体、非常辛苦、非常繁重的工作。要让精准扶贫精准脱贫的政策得到真正的落实，人的因素至关重要。为此，县里专门建立一套旨在加强干部队伍建设的政策体系与工作机制，涵盖了激励与约束两个方面。为鼓励干部在脱贫攻坚战中敢于担责、踏实做事，进行了大胆创新，由此树立正确的用人导向，落实"两个优先、两个不用"原则①，县里首先把落实脱贫攻坚实绩作为干部调配、奖惩、使用的重要依据，优先重用在脱贫攻坚实践中的优秀干部。调研中，我们发现县里最近一两年基层提拔的相当一批干部，比如县扶贫开发局的两位年龄30岁不到的副局长，就是县里一年前刚刚从乡镇扶贫一线提拔起来加以任用的，其中一位还是女同志；还有多加办事处的项千副主任也是因为扶贫工作做得比较扎实得到提拔任用的。县里业务部门的好几名（副）科级干部也是这种情况。其次进一步提高村干部保障标准。自2018年起，全县村两委主要负责人报酬按上年度全县农牧民人均可支配收入的2.5倍标准执行。工资由"基础工资＋绩效工资"两大部分构成，分季度按时足额兑现村干部报酬。以

---

① "两个优先、两个不用"原则，即：对完成脱贫攻坚任务好，受到省州县表彰、表扬的干部优先提拔、优先重用，对脱贫攻坚履职不力成效不明显的一律不提拔不重用。

2018年为例，县里共为351名村干部发放报酬403.07万元，以此来调动村干部在脱贫攻坚战中的主动性和积极性。

与此同时，为了督促广大党员干部在脱贫攻坚中扛起责任、担当作为，县里通过考核的方式从制度上进行相应的约束。这表现在：一是县里重新研究制定《尖扎县科级领导班子和领导干部年度考核办法》；二是实行以"乡镇党委主抓、县委负总责"的双重管理模式；三是压实派出单位责任和落实好县级领导联点帮扶工。

3. 切实加强党的基层组织在脱贫攻坚战中的战斗堡垒作用。在脱贫攻坚中，党的基层组织发挥着领导、部署、协调、动员和督促等多方面的作用。在德吉村整个新建和发展过程中，首先是充分发挥基层党组织和党员的带头作用，深入农户家里，做好思想工作，动员群众，给足群众"搬得出"的动力。搬迁伊始，为了能很好地解决群众的"搬得出"问题，县乡村三级党组织明确分工，各司其职，上下联动，协调推进易地搬迁工作。由于组织得力，易地搬迁进展顺利。其次是党组织加强协调，党员带头示范，给足群众"稳得住"的勇气，切实解决好群众所面临的实际困难。搬迁伊始，上级党委就坚持"阵地先建、服务先行"，联合搬迁户中的41名党员成立德吉村临时党支部，整合资金130万元建成总面积350平方米的全县首个集党员活动、便民服务、医疗卫生、村级议事、党群教育、群团服务、综合办公等多功能于一体的"德吉村党群服务中心"。2018年10月，德吉村党支部正式成立。在村党支部带领下，全体党员身先士卒，带头帮助搬迁户熟悉生活环境、稳定思想、解决各类问题、排查调解矛盾纠纷，共同维护村社秩序稳定、环境整洁。最后是党组织服务指导，党员率先参与，拓宽群众"能致富"的渠道。入住后，党员群众不仅得到原所在乡镇党委、村党支部和联点单位的帮助，还有县委、县政府和扶贫、发改、旅游等相关单位党组的帮扶与指导，为该村培育出休闲农业、乡村度假、特色农家乐为主的乡村旅游的新业态。其间，12户党员搬迁户在上级组织的引导下，率先尝试开办农家乐6家、小吃摊位6个，为当地乡村旅游及相关产业的发展起到很好的示范作用。县就业部门专门举办烹饪等专业培训2期，培训53人次，提升经营农家乐的厨艺水平。在各级党员干部示范带动下，目前已有30多户群众开起了农家乐。村里的一名党员还带领26户搬迁户建立了苗木合作社。

图 2-2 德吉村党群服务中心

（二）以产业实现整体脱贫

安居需乐业，发展乡村旅游是德吉村作为易地移民搬迁一开始就重点谋划的事情。德吉村地处黄河岸边，这里是被誉为"自古黄河尖扎秀"的重要区段，拥有美丽的蓝天、白云、绿水和丹霞地貌等丰富的自然景观，再加上本地缤纷多彩、丰厚浓郁的民族文化，具有发展旅游的潜力。基于此，县里在进行脱贫攻坚时，经过认真调研和充分论证，将自然景观和文化资源结合起来搞乡村旅游开发，探索出一条在欠发达地区通过发展乡村旅游实现减贫发展的路子。

1. 有效地统筹、整合和运用各种发展资金、资源。尖扎县属于深度贫困地区，全县人口5.43万人，财政收入有限，财政开支紧张。以2016年为例，全年财政收入144018万元，仅民生支出就达115403万元，民生支出占比约80%。但是，为了让251户来自7个乡镇的贫困群体和随迁群众真正摆脱贫困并实现进一步的发展，县里安排8326.8万元修建251套建筑总面积达17899.2平方米的安置房及相关的配套设施。同时，还利用地方财政1760余万元、天津市援建的1030万元以及群众自筹的部分资金，打造了文化广场、花海、旅游码头等旅游景点，从而为乡村旅游的发展打下了重要的基础。

图2-3　天津援建易地搬迁村扶贫旅游码头

2. 注重生态文明建设，守住发展的底线。尖扎县地处三江源地区，这里的生态极为特殊、极为重要，是国家高度关注和大力保护的地区。鉴于一些地区在发展乡村旅游的过程中出现了一定程度的破坏生态环境的教训，县里在规划、建设和发展乡村旅游时，始终考虑绿色、环保、低碳、节能等方面的重要问题。无论是花海景点的打造和管理，栈道、码头、射箭场等设施的修建与使用，观光车辆的配置与运行，还是生活污水、生活垃圾的收集和处理，都从生态环境保护和生态文明建设的高度来认识和落实，真正践行了"绿水青山就是金山银山"的发展理念。比如，为了让德吉村村民家里的日常生活污水和开展农家乐营业期间的生活污水得到有效的处理，村里还专门修建了一个高标准的污水处理厂，从而防止了将污水直接排放进黄河、破环生态环境的不良行为的发生。为了使得村里的垃圾很好地收集和整理，村委还以公益性岗位的形式安排专人负责此项工作，从而保证了村里环境的整洁、舒适和美丽。

3. 发挥产业带动的重要作用。德吉村的人们在搬迁至此之前，收入来源主要是靠种地、放牧、挖虫草、打零工。将他们从"山上"搬迁至"山下"，他们原来的生计方式发生了很大的变化。为了让贫困群体能够在德吉稳定下来，县里在积极探索构建搬迁群众脱贫致富和稳定发展长效机制的基础上，通过建立开农家乐、文化旅游、休闲农业等多种形态的产业发展道路，来引领人们实现减贫发展。为此，县里将发展安置区特色产业与发挥旅游资源优势相结合，整合发改、扶贫、旅游专项资金和群众自筹共计4234.91万元，依托德吉村光热、水域资源优势，开发实施了露天沙滩、水上游乐码头、黄河垂钓及亲水广场、自驾游旅游营地和30户"农家乐"等旅游基础设施；通过土地流转，租赁耕地230亩建设观赏性花海，种植花卉110亩，建设50亩蔬菜、果品采摘区，正在实施西红柿、大田辣椒等精细菜和油桃、核桃等蔬菜种植和林果栽培。在此过程中，县里在技术培训、经营方法、土地流转、苗木引进等方面展开了大量的动员、引导和扶持的特惠政策。比如，对于30户经营农家乐的贫困家庭，县里邀请合作市岗诺尔烹饪职业技能培训学校专业老师，采取烹饪理论与实际操作相结合的方式，为德吉村19位贫困群众进行了为期30天的中式烹饪培训，使每个学员学会了5—10例菜品烹制，让他们真正掌握发展农家乐所需的专业技术和经营方法。目前已经是老板的一位搬迁户这样对我们讲述了他开办农家乐的经历。他说：

去年，我和妻子参加了政府主办的烹饪培训班，学会了开农家乐的技术。之后，我就开始试着搞农家乐了。可能是由于老师教得好，我学的时候也很认真，的确学会了很多东西，所以我的烹饪技术还算可以。……开业时，一开始主要是做汉餐。后来，为了吸引更多的顾客，我又试着做一做家乡牧区的特色菜。就这样，自从开业以来，我的生意总体上还不错，反正比我们一开始设想的要好。我大致算了一下，在三个多月里，共赚了15000元左右。这让我们一家都很高兴。今年，为了多一些收入，我又申请做草管员的工作，还准备买一些牛羊，这样就可以让农家乐能用上好的肉类。我想，只有这样认真去做，农家乐才能搞起来。其他人看我的生意还可以，想着也做农家乐。现在有人向我打听怎样做，只要他愿意干，那我就教教他。（2019年9月12日访谈加羊索南）

那些像访谈人加羊的人，现在已经成为了德吉村发展乡村旅游的先行者,同时也是村里发展的重要引领力量。他们既实现了自己脱贫致富的梦想,也带动了其他人家的就业和发展。

图 2-4 搬迁群众参加烹饪培训班

(三)以主体性激活发展动力

在反贫困的各种举措与行动中,易地移民搬迁也许是最为复杂、最为具体、最具挑战性和风险性的一种。造成这样的原因自然是多方面的,其中就有社会文化方面的适应、融入和发展等问题。研究表明,要使易地移民搬迁能够较为顺利地实现减贫发展,政府在制定脱贫政策和开展反贫困行动时对贫困群体的社会文化的尊重以及主体性的激活,已经成为不可回避的重要问题。① 在德吉村移民搬迁安置的整个过程中,尖扎县的党委、政府很好地处理了这一问题。概括其做法,其情况大致如下:

1. 充分考虑贫困群体的生产生活需要。易地移民搬迁中,迁入地的选址、规划、建设和发展,无疑是重中之重。这一方面要符合国家的法律法规,另一方面也要充分考虑到困难群体当下及未来基本的生产生活需要和进一步的发展需要。为了给搬迁群众找到合适的安置点,在实施易地扶贫搬迁项目前,县里组织扶贫、财政、农牧、国土、水利、交通、电力、民政等部门在广泛深入调研的基础上,委托省内外有关单位因地制宜,尊重民意,充分利用荒山荒坡等未利用土地,不占或少占耕地,避让基本农田和地质灾害隐患点,综合后期产业发展、小城镇建设等因素,反复论证,严格按照科学规划标准,高标准、高起点编制集中安置点的总体规划,完成德吉村的总体规划。② 考虑到移民们主要是来自半农区或半牧半农区,出于对他们生活方式和居住习惯的尊重,于是以独门独户独院、户均 80 平方米③进行安置。在修建安置房时,采取统规自建(即统一规划、统一设计、统一监理、群众自建)的建设模式。事实证明,这样做既让老百姓的实际需要得到了满足,又让老百姓参与了项目的实施过程。更重要的是,在此过程中,老百姓还发挥熟人社会的优势,始终在开展互助、合作,真正让参与性、嵌入性和自主性得以体现。

---

① 王建民:《扶贫开发与少数民族文化——以少数民族主体性讨论为核心》,《民族研究》2012 年第 3 期;王春光:《中国社会发展中的社会文化主体性——以 40 年农村发展和减贫为例》,《中国社会科学》2019 年第 11 期。
② 原来正式的名称为《昂拉乡河东易地搬迁安置点总体规划》。
③ 安置房户均 80 平方米是一个基本标准,实际在规划和修建的过程中,结合家庭人口规模大小的实际和相关政策的规定,实事求是地予以相应调整。

2.关注民族文化的传承与发展,尊重和照顾到当地人的宗教信仰和精神需求。已有研究指出,在移民搬迁中,认真处理涉及风俗习惯、文化生活和宗教信仰等方面的问题是至关重要的事情。① 地处安多藏区的尖扎县,是农耕文化与游牧文化的接合部,也是藏、回、汉、撒拉等民族共同生活发展的地区。这里的文化类型多样,内容丰富多彩,风格十分浓郁,是一个典型的多元交融共生的民族地区。在众多的民族文化类型中,占全县总人口65.49%藏族的射箭文化就极具魅力,深得藏族男性的喜爱。每年秋收后至正月间,藏族村寨的射手们相互邀请参加射箭比赛。比赛时,射手们身着盛装,英姿飒爽,备受群众敬重。由于这里的射箭文化历史久远,极具魅力,尖扎县被誉为"中国民族射箭运动之乡"。德吉村是一个新建的藏族移民村落,为了让射箭文化得到很好的传承与保护,县在安置项目规划实施时利用省级财政的支持,特意安排经费154万元,分别修建两个面积为1282平方米和4200平方米的射箭场,作为德吉村的老百姓乃至全县的射箭队进行射箭比赛的场地。在宗教信仰方面,尖扎在藏传佛教中具有重要的地位,藏传佛教的格鲁派和宁玛派同时存在,著名的拉莫德钦寺、智合寺、古哇寺、阿琼南宗寺也皆分布在此。这里宗教文化发达,氛围浓厚,信教群众众多。考虑到德吉村移民的宗教信仰方面的因素,县里在规划和新建德吉村时,专门修建了一座佛塔,以满足当地人在日常生活中正常的信仰活动和精神需求。事实上,以上这些精心安排,既有利于当地民族文化的传承、保护与发展,又有利于民族认同和国家认同的进一步增强。在反

---

① 王晓毅等:《生态移民与精准扶贫——宁夏的实践与经验》,社会科学文献出版社2017年版,第166—167页。

贫困中，只有真正做到关注、尊重和照顾移民群体的社会文化主体性，接下来的发展动力才能得以激活，减贫发展的政策和行动才能得到真正的落地和实施。

图 2-5　村支书在主持村民大会

（四）以治理推动社区发展

德吉村是一个在扶贫攻坚战中用短短两三年时间整合各种资源、汇集各方力量且依靠老百姓支持、配合建立起来的新村落，同时也是一个刚刚摆脱贫困、正在实现进一步发展的新社区。这个新社区的发展，自然就会涉及社会治理和社会建设的问题。社会治理是一种以人为本的治理方式，它以各行为体间的多元合作和主体参与为治理基础，其目的是解决发展过程中出现的问题，促进社会的和谐发展。[①]众所周知，在易地移民搬迁的过程中，

---

① 王晓毅等：《生态移民与精准扶贫——宁夏的实践与经验》，社会科学文献出版社 2017 年版，第 282 页。

社区治理是一个重要而棘手的问题，尤其是要使这种来自不同地方、之前没有太多的社会基础的贫困群体集中在一起并使社区生活和社会秩序呈现出井井有条、和谐发展的景象，其难度可想而知。总结德吉村社区治理的具体做法，主要包括如下内容：

1. 构建基本的社区公共服务体系。作为易地移民安置点的德吉村，在几年前只是一块普通的黄河边上的荒地，不存在所谓的社区公共服务。在规划、实施这一项目时，县里经过通盘考虑，既考虑其作为乡村旅游景点打造所需的"水、电、路、讯、污"等基本设施的配套，也考虑其作为新社区所需的公共服务的新建及其接下来的不断完善。为了解决251户从山上搬迁下来的贫困家庭的孩子们上学问题，县里采取了新增和分享的做法来实现教育资源的均等化。即：（1）投资382万元新建1151平方米的高标准的幼儿园一所并配备相应的教学、保育人员，让幼儿们在村里就能接受良好的学前教育；（2）加强德吉村原所属昂拉乡拉毛村[①]完小的师资并将1—3年级的小学生安排在此接受义务教育；（3）4—9年级的学生在县城寄宿制学校接受教育；（4）9年级后学生或在县城接受高中教育，或在中职类学校接受教育。通过向移民们配置这些教育资源，既保证了孩子接受教育的基本权利，又让移民安下心来进行生产生活，同时也为下一代的发展能力的提升打下了坚实的基础，有力地推动减贫发展的实现。

同样，为了解决德吉村老百姓看病的实际困难，村里设立了村卫生室并配备基本的人员和医疗器具；为了让大家外出办事

[①] 德吉村是征用昂拉乡拉毛村的土地新建而成的，但行政上二者没有隶属关系。移民们搬迁入住后，随父母从各个不同地方搬迁至此的小学生们，便可以在离家大约10分钟路程的学校就近入学。

的出行更为便利，便充分利用德吉村紧邻 S203 公路的交通条件，由县里安排了单程运行里程为 10.5 千米的公交专线；为了让大家办事更为方便，县里与负责援建的天津市共同商议决定，出资 115 万元修建了 456 平方米的德吉村（社区）服务中心办公用房。显然，所有这些举措，使得作为新社区的德吉村实现公共服务的可及化和便利化。

图 2-6　德吉村幼儿园老师却羊多杰和孩子

2. 抓好社会治理与社会建设。相关研究表明，社会治理既涉及社会文化认同方面的因素，也涉及政治认同及建设方面的因素。① 将来自不同乡镇不同村落里的900多人易地移民组成一个社区，一开始就面临着社会治理和社会建设的问题。为了使德吉这个新社区的治理得到很好开展，尖扎县在充分利用传统资源、尊重社会现实、有利产业发展、增进社区联系等前提下，探索出一条行之有效的路径。具体做法：一是发挥党组织在社会治理和社会建设中的引领和帮扶作用。移民们搬入德吉村后，在县委组织部的领导和指导下，成立了临时党支部，过渡一段时间之后再成立党支部，村里实行村级网格化管理，由8名党员担任网格长，将网格中的党员纳入"党小组"。同时，村里还成立社区服务中心。由此，党支部和社区服务中心共同帮助群众熟悉居住环境、解决民生服务的实际问题、排查和调解矛盾纠纷、宣讲"门前三包"教育，以及开展增进社区认同感的活动，等等。在此过程中，各涉移民的7个乡镇派出专门的工作人员，协助德吉村党支部和社区服务中心开展工作。同时，为了更好地开展"双帮"服务，县直各部门党组织分别联系一户搬迁户，对具体的生产生活进行帮扶，也指导社区的社会建设。二是充分利用社会资源。如前所述，德吉村的251户村民来自30个村社，除了多加办事处的极个别村社系整村搬迁之外，其余的皆是部分搬迁，即移民具有移出地较为分散的特点。基于此，在规划和安置时，尽可能地将来自同一个乡镇、同一村社或毗邻乡镇、毗邻村社的移民相对集中安排在一起，并在新建、装修、迁入、发展的整个过程中，鼓励、支持他们互帮互助，这一方面在很大程度上使得原有的社会关系得以延续，另一方面也使得再进一步的村庄内部的建构和发展方面

---

① 张静：《社会治理——组织、观念与方法》，商务印书馆2019年版，第58—75页；刘锋等：《地方文化资源与乡村社会治理——以贵州清水江流域苗族为例》，社会科学文献出版社2018年版，第194—216页。

有一个相对较好的基础。三是以产业为载体，进行合作、共享，从而促进社区关系的规范、有序、发展。德吉村的主要产业为乡村旅游。加羊索南、旦正太、洛地、昂巴等30户人家在经过专业的培训后，自家开办的农家乐已经正式营业了。为了使大家在经营的过程中更好地维护景区的农家乐市场的正常秩序，在相关单位的指导下，初步形成了既有合作也有竞争的机制，涵盖了农家乐的食材供应、菜品的价格商定和客源的共享等环节。此外，围绕着德吉村利用天津市对口帮扶30万元在村西北侧种植苗木76亩，村里的26户村民建立了苗木合作社，以合作的方式对其进行培育、管护、防火，甚至以后进一步扩大种植及其销售等事宜。

（五）以可持续引领减贫行动

作为反贫困的重要举措之一，易地移民搬迁的重点和目标是真正实现可持续减贫和可持续发展。而要实现可持续减贫和可持续发展，就业和发展方面的问题毫无疑问成了最基本也最关键的问题。围绕着德吉村的移民们如何实现持续减贫和持续发展，县里自始至终在就业和发展方面花了很大的力气，并展开了相应的减贫行动。

1. 根据国家有关政策，积极创设公益性岗位，解决相当一部分移民的就业。地处三江源地区的尖扎县，属于国家加强生态环境保护和修复的重要县份之一。长期以来，国家对这一区域的生态保护极为重视，为此专门出台了相关的政策和规定，并且每年投入大量的经费来支持生态保护和修复工作。更重要的是，包括德吉村在内，长久以来生活在这里的人们，他们的生计方式、社会生活和宗教信仰等同该区域的自然地理密不可分，并由此形成了一整套的知识体系和生存智慧，对人与自然的关系有着独特而深入的理解，对生态环境保护也极为重视。为此，县里安排生态公益性岗位，解决 181 名村民的就业问题。考虑到德吉村的产业（主要是旅游、光伏、生态苗木）发展和社区服务的需要，又合理安排了一些公益性岗位，解决了 70 余人的就业问题。具体是：旅游服务人员 22 名、村警 2 名、水管员 2 名、环卫工 15 名、保安 10 名、光伏管理员 15 名以及其他岗位 7 名。加上上面的 181 名公益性岗位，实际上解决了全村约 70% 劳动力的就业问题。这使得德吉村的可持续发展有了一个非常好的基础。

2. 通过援建单位的帮扶，因地制宜发展光伏产业，让光伏助推村庄的整体发展。地处青藏高原和黄土高原过渡带的尖扎，全年日照时间 2468—2811 小时，最高可达 2851 小时，日照百分率为 56%—64%，太阳年辐射总量高达 580—740 千焦/平方厘米，具有日照时间长、辐射强、光能资源较为丰富的特征，发展光伏产业有着十分良好的自然条件。基于此，县里在与对口援建单位中国华能集团对接时，经过科学规划，最后共同商定，充分利用尖扎县丰厚的光能资源和华能集团的技术优势，由该公司援助 810 万元在德吉村发展 1084 兆瓦屋顶户用光伏发电项目，采用"自发自用、余电上网"模式，每户屋顶光伏装机 8.4 千瓦，实现每年每户 4200 元以上的稳定收入，251 户共计收入 100 万元/年，既解决了 15 名易地搬迁移民的就业问题，又有力地助推整个德吉村的可持续减贫和可持续发展。

3. 依托乡村旅游，激活乡村的发展动力。易地移民搬迁，发展是关键，甚至某种程度上成了衡量减贫发展最根本、最重要的标尺之一。德吉村是一个"无中生有"的村落，移民们搬迁至此之后，很多人的生计方式与之前祖祖辈辈的生计方式发生了很大的改变。如何让这些"山上"搬迁下来的移民真正"稳得住"，继而"能致富"。县里一开始规划时，在经过反复论证的基础上，决定依托当地自然条件和社会文化的优势，构建和发展乡村旅游。为了让旅游得到顺利开展，县里专门组织相关机构对首批发展农家乐的 30 家村民们进行培训，让世代"吃牧业饭"的人们"吃旅游饭"。于是，通过对 60 名搬迁农牧户开展厨艺培训，让搬迁群众参与乡村旅游的开发，实现"开门是店、关门是家"。通过乡村旅游，引导 38 户群众经营土烧馍、酸奶、糌粑、酿皮等特色餐饮产业，让游客不仅能够赏美景，也能品味地方民俗风情。这 30 户首批发展农家乐的移民，以 2019 年为例，户均收入超过 2 万元。在他们的带动下，村里的其他移民依靠提供相关的旅游服务也得到了较为理想的收入。现在，村里呈现出生机勃勃的发展景象，可以说为下一步的可持续发展开了一个好头。

4. 尊重传统，实现传统生计方式的延续与发展。正如前面所说，德吉村的移民主要来自半农区和半牧半农区，长期以来的生计方式就是从事农业、牧业，经济收入主要靠种植青稞、土豆、油菜、蚕豆，或者放牧、挖虫草，完全是依靠土地和草场吃饭。在脱贫攻坚战中，县里围绕着这些贫困群体的生计方式精打细算，在把目标重点放在发展旅游业和社区服务业的时候，也照顾到移民们传统生计方式的延续与发展，让移民们继续耕种自家原来承包的和新复垦出来的土地，或流转给其他人规模化经营。草场则主要流转给合作社统一经营。同时，青藏高原有着极为丰富的虫草资源，每年 4—5 月，正是采集虫草的黄金时间，生活在青海的人们通常会到玉树藏族自治州、果洛藏族自治州一带采集虫草，这是他们传统的生计方式。而在这个时候，德吉村的乡村旅游旺季还没有到来，大约只需20%的移民就可使得村里的农家乐正常经营，80%的移民则可以充分利用这段时间外出采集虫草。这既使得每家外出采集虫草的增加了1万—2万元的收入，也使得他们传统的生计方式并没有随着搬迁而彻底中断，同时也使得围绕着采集虫草而形成的社会关系和文化记忆得以延续和发展。

三、德吉村减贫发展的启示

作为脱贫攻坚重要举措之一的易地搬迁，毫无疑问是比较复杂、比较困难、比较具体、比较有挑战性的工作之一。德吉村虽然规模不是很大，但在实现减贫发展通往幸福的道路上，其中所涉及的方方面面的事情也堪称复杂和艰难。而德吉村之所以在短短几年间，实现从无到有、从深度贫困到欣欣向荣的跨越式发展，其中包含了一些重要的经验启示。

1. 充分发挥中国共产党领导的政治优势和制度优势。在开展具体的脱贫攻坚过程中，尖扎县在县域内积极探索，在各级党组织的有力领导下，将党的建设与减贫行动有机衔接，依靠党无比坚强的领导力、组织力和执行力，发挥自上而下的科层制的积极作用。在基层，充分发挥党支部以及党员的先锋模范作用，在"搬得出、稳得住、能致富"的每一个环节，党员都能带好头，走上前。

2. 充分尊重贫困群体的文化主体性和社会主体性。德吉村的易地扶贫搬迁实践充分尊重当地人的社会文化方面的各种因素，坚持以人民为中心的发展思想，从发展的基本诉求到生产生活的正常需要再到民族文化的传承保护等方面都得到很好的尊重。

3.需要因地制宜培育和壮大产业。通过整合资源、因地制宜、科学施策、尊重市场规律,选择好合适的产业,让搬迁农户在实现稳定脱贫基础上,为实现可持续发展和乡村振兴奠定坚实基础。

4.构建充满活力的村域共同体。千方百计地挖掘、运用各种资源和因素,积极推进社区治理与社会建设,提高基层治理水平和治理效能,实现社区安定有序,其乐融融,和谐发展。

(本案例执笔人:雷勇　张建　曹端波)

案例点评

德吉村是一个通过易地扶贫搬迁再造的新村。对于易地扶贫搬迁，党中央提出要"搬得出、稳得住、能致富"，搬迁不是目的，如何在迁入地适应新的环境，重建安置社区，并找到合适的发展道路，这是通过搬迁实现脱贫的关键所在。德吉村探索出了一条"山上问题，山下解决"的"挪穷窝，移穷业"新路径。在产业上，通过将自然景观和文化资源结合起来搞乡村旅游开发，探索出一条在欠发达地区通过发展乡村旅游实现减贫发展的路子，并通过技能培训的方式，让搬迁群众的可持续发展能力得以建立起来，能够从产业发展中分享收益。同时，搬迁群众的传统生计又得以保留，并在旅游开发中作为一种重要的资源得以利用。在社区适应方面，虽然是全新的移民社区，并且搬迁群众是少数民族，但是德吉村充分尊重民族文化，以文化整合实现社区重建，克服了搬迁群众的社会文化适应问题。而不论是社区治理，还是产业发展，起关键作用的组织力量都是基层党组织。正是充分发挥党支部以及党员的先锋模范作用，才保证了"搬得出、稳得住、能致富"的每一个环节都能顺利达到目标。因此，正是在党的领导下，德吉村找到了一条通往幸福的道路。

（点评人：孙兆霞，贵州民族大学社会建设与反贫困研究院教授）

第三章

同卡村：
以"文"化贫的发展之路

同卡村属青海省玉树州治多县治渠乡，位于治多县城北部，距离县城20千米，距治渠乡政府75千米。同卡村有牧民278户1152人，其中建档立卡贫困户76户279人。经过几年的努力，目前同卡村的人均收入达到了2万元以上，贫困发生率由2015年的22.4%降至2019年年底的2.9%。

治多县地处青藏高原腹地，人口4万多人，其中藏族人口占97.7%。境内为长江、澜沧江等大河之源，素有"一江九河十大滩"之称，平均海拔4500米以上。境内雪山连绵，河流交织，湖泊密布，成为人类世界的"生态之源"。历史上，治多县属于藏族六大氏族之一"米查尕"氏后裔，相传为格萨尔王后珠姆的故乡。

一、村庄基本情况

同卡村具有广袤的草山和丰富的水资源，拥有优质草场496000亩，牲畜有9520头。牧民在同卡高原上创造了灿烂的文化。

"同卡"藏语的含义为"白色的草滩"，相传这里曾经富饶一方，羊群能将草滩覆盖。同卡村于1962年由原治多县马场、牛场和羊场组建为一社三队，牧户由当时无家族历史和无部落归属的分散户组成。为加强村集体经济发展，提高村民生产生活条件，全体村民在人民公社干部的领导下自发组成生产建设队伍，以土沙、石块、斫木为材料修建牲畜暖圈、草库仑和生产生活用房，成为全县各人民公社的标榜，涌现出一大批生产能手、先进模范和优秀村务工作者。

同卡村属于嘎嘉洛地区（长江源区），过去民间流传着一句谚语，嘎嘉洛地区处于"玉树二十五族之角尖，胡尔（西藏那曲）三十九族之足底，长江、黄河出境东流"。长江源嘎嘉洛游牧文化处于青藏游牧文化带和《格萨尔》史诗文化带。这两大文化带的重合就包括了青藏游牧文化的全部。同卡村藏族牧民的观念深受这两种文化的影响。

同卡藏族村民为高原上的山水赋予了神圣性：人生活在神灵世界，自然环境中的山水都有神灵存在，人受到神灵保护。崇敬神灵和自然则受之保护，违抗自然则会遭到神灵惩罚。村民对大山的敬畏、对大山的祭拜，甚至人与众多神山间的人格化的交流、崇拜，都达到了无与伦比的境地。在同卡牧区，山地也是一个生命体，牧民一般不会去挖掘草地，认为动土使完整的草地受到伤害。有的牧民在动土之前，必须举行祭祀土地神仪式。在长江源地区赞颂是民间独有的一种传统文化，它包含着嘉洛部族在日常生活中对生活的向往和对大自然的崇敬之爱，并体现了牧人与自然界之间和谐相处的亮丽景象。在长江源区每当敬山祭河或大小不一的节庆时季，《格萨尔》说唱艺人和当地能说会道的牧民会根据当时节庆的内容和所处的地理和环境，逐一对人物和景观进行歌颂和赞扬，如《嘉洛植被赞》①里的"花朵"赞词："美丽而翠绿的宝地，五颜六色的花朵像是在天堂。扑鼻的花香药草治百病，营养的根底养育着生命的力量。亮丽的色彩好像给神仙进贡，枝叶上每个金色的花瓣，经不住观者乐开怀。每当夏季雨水丰满时，碧绿的大地呈现出美丽的彩虹。"《嘉洛四福五护赞》②里的"山羊"赞词："仙界的山羊像聚福的海洋，大福之中盘坐白母羊，羊羔叫声远又远。福羊面部黄金色，守言铁匠为坐骑。母羊羊角天珠色，天珠皆为发福根。四肢牲畜海洋里，聚福山羊最为大。"

一方水土养一方人，世代居住在草原上的藏族人民，形成了与草原融为一体的民族文化，这种文化牵引着他们对草原的眷念。我们在调研中了解到，很多的藏族青年，即使有机会到发达地区接受高等教育，毕业后也一定选择回到自己的家乡。

图 3-1　同卡村的高山草场

---

① 当地民间歌的汉语翻译。
② 当地民间歌的汉语翻译。

二、贫困成因

同卡村的贫困是多种因素共同作用的结果，既有自然环境的原因，也与文化方面的因素相关。

（一）生计方式的变迁与草原生态的退化

在历史上，同卡藏族牧民采用的是游牧的生计方式，由于人口相对较少，牲畜活动范围广，对草原生态环境的压力并不明显。藏族牧民将草场视为群体的共同财产，很少有私有观念。传统上，牧民均在广袤的草原上自由放牧，夏季在高坡的夏季草场，冬季回到低洼沟谷的冬季草场。

但是，20世纪80年代包产到户以后，草场也被分到了每户家庭，村民开始以家庭为单位建造围栏。此举保护了家庭草场的产权，并有利于照看牲畜，然而却阻碍了牛羊和其他野生动物的迁徙运动，并使草场失去了休养生息的机会，因而对生态造成了致命的破坏。在草场利用上，大部分地区实行两季草场，还有的不划分季节草场，常年在一块草场上放牧或在定居点周围长期停留，这样家畜在同一片草地上往返践踏、啃食，加剧了草场的退化；有些牧户6月才搬圈进入暖季草场，在冷季草场的放牧时间长达240多天，造成冷季草场严重过牧。目前表现为草原鼠虫害严重，草原大规模退化。根据村里的老人介绍，在20世纪70年代是很少见到老鼠的。早期同卡草场的草生长茂盛，小孩在草地里看不到人。而现在，草场里的草均长得较浅。

另一方面就是传统生态文化的式微。过去，草场资源丰富，生长大量的虫草，牧民采挖虫草时，均只挖虫草本身，挖完一根虫草后，顺便将挖坑填埋；而随着虫草的市场价格大幅度上涨，大量外地人进入同卡草原挖虫草，随意搭建帐篷，挖虫草时也是随处乱挖，草场破坏严重。

（二）文化观念上商品意识淡薄

由于受到浓厚的藏族文化的影响，同卡村民在传统文化观念上并没有强烈的商品经济意识，其生产往往远离市场交换。同卡村虽然草原面积大，但牲畜很少出售，因此出栏率和商品率都较低。传统经济依靠畜牧业，一般牧民家里拥有大量的牛羊，但却很少出栏。这是因为，牧民将牲畜本身作为财富，其拥有量的多寡事关自身的社会文化地位。

从现代化理论的视角看，贫困往往是现代性缺失的结果。而在民族地区，其文化传统往往存在一些与现代性相抵牾的因素。有学者在归纳中国贫困的类型时，就把"族群型贫困"作为一个专门的类型，并认为这种贫困是在某些少数民族社区（尤其是边疆民族地区），由于整个族群在生产方式、文化、宗教信仰、习俗、生活方式等方面的历史原因而造成的贫困。① 因此，在发展所主导的时代，这样的社区就成了贫穷的代表，这是典型的发展性贫困。这样的贫困是他们的文化与在竞争性的市场中获取财富的现代化文化不一致的结果。②

因此，同卡村虽然有养殖牛羊的传统和知识，但是，在以商品经济为主导的现代社会，拥有丰富资源的藏族牧民却因以货币

---

① 王曙光：《中国的贫困与反贫困》，《农村经济》2011年第3期。
② 李小云、吴一凡、董强、宋海燕：《发展性贫困的生产：制度与文化的田野对话——一个Y族村庄生活的发展叙事》，《广西民族大学学报（哲学社会科学版）》2019年第3期。

衡量的经济收入低下而成为贫困人口。而这样的贫困在中国诸多的民族地区，显然具有一定的典型性。

（三）交通条件落后

治多县位于玉树西部，距离县、乡这样的市场中心都比较远。另外，这里的交通基础也比较差，通往外部的道路质量不好，而且居民居住高度分散。这样的交通条件极大地限制了同卡村与外部市场进行交换的空间，因此，即使牧民们愿意出售自己的牛羊，也难以将牲畜运到玉树，更不用说西宁等大市场，这就制约了他们的产品商品化的水平，从而难以通过市场将自己的牲畜资源顺利地转化为货币收入。

三、脱贫攻坚的主要措施

根据贫困成因和短板，同卡村牧民同心协力，响应脱贫攻坚政策，一方面加强脱贫攻坚组织队伍建设，凝聚力量，找准适合同卡草原的发展道路，另一方面加快转变生产经营方式，建立专业合作社，找到了一条共同致富的道路。

（一）建强堡垒，党建引领

抓好以村党组织为核心的村级组织配套建设，把基层党组织建设成为带领群众脱贫致富的坚强战斗堡垒。同卡村党支部坚持"抓支部、用支部、活支部、强支部"工作思路，立足村域特色和地域优势，认真谋划乡村振兴战略，积极践行省委"村集体经济'破零'工程"具体要求，坚持把发展壮大村集体经济作为助力脱贫攻坚工作的重要内容，按照"培树典型创品牌"的工作思路，积极探索、大胆实践、注重创新；创办了村集体经济"治多县同卡村草地生态畜牧业专业合作社"，经过近几年发展，目前增收渠道拓展到产品运营、劳务输出等方面，经过村党支部的精心管理和群众的一致努力，集体经济不断发展壮大，推动牧民群众的生活水平不断提升，村容村貌得到翻天覆地的变化。

在全县 20 个行政村党支部中，同卡村在"用支部、活支部、强支部"方面走在了前面，支部堡垒指数和先锋模范指数不断提升。全村有党员 94 人，入党积极分子 43 人。同卡村党支部书记存多杰如今是组织部门和群众公认的优秀基层干部，在同卡村发挥着"火车跑得快，全靠头来带"的引领作用。在他的带领下，同卡村明确发展路径，壮大集体经济，注重乡村文明建设，推动农村脱贫致富实践，获得了"全国民主法治示范村""全国妇联基层组织建设示范村""青海省省级党建示范村""省农村牧区基层党风廉政建设示范村"等模范集体荣誉称号。

（二）找准路子，摆脱贫困

坚持开发式扶贫方针，坚持把发展作为解决贫困的根本途径，改善发展条件，增强发展能力，实现由"输血式"扶贫向"造血式"帮扶转变，让发展成为消除贫困最有效的办法、创造幸福生活最稳定的途径。同卡村依托自身的资源禀赋，选择了以畜牧合作社作为脱贫的突破口，并采取"党支部＋合作社＋牧户"的模式，充分发挥党组织的带头作用。合作社与党支部"同频共振"，在每周三、周五的学习活动和主题党日期间，把研究决策合作社的有关事宜列入议事日程。实行"三议（人员、支出、其他事宜变更）""两公开（决策内容、财务）",增加了决策和财务的透明度，不仅增强了党支部的号召力、公信力，也强化了党员对支部的向心力。

同卡村生态畜牧业专业合作社成立于2008年，从一开始就坚持党支部决定合作社的发展方向和思路。刚开始组织全村30名党员入股，盈利或者亏本都由党员自己负责，但效益并不是很明显。2014年县委派一名副乡长蹲点抓合作社工作，很快就找到了一条适合牧区发展合作社的路子。2014年全村入股，每家平均2头至3头，2015年开始大规模增加，因为分红连年递增，群众尝到了现代畜牧业合作社的甜头。2018年，在牧民增收、开拓市场、打造品牌、提高组织化程度、推进牧业产业化经营等方面取得成效。

同卡村的合作社入股方式有三种。一是财产入股，即牲畜、现金的投入；二是草山入股作为基础股金（签订使用合同、办理司法公证）；三是劳动力入股为合作社牧工（主要是无畜户、少畜户的参加）。现在实现了全村牲畜、草场、人员"三入股"和"三整合"，走集体化经营的道路。

目前同卡村畜牧专业合作社共入社276户，设理事长1名，副理事长1名，理事6名，监事会监事1名，监事6名。临聘牧工15名。专业合作社畜牧总数达12014头只匹，其中集中养畜总数达5180头只（牛480头、羊4700只），共整合草山48万亩，实现了全村牧户全入社、草山全入股。投入北京援建资金245万元，其中200万元用于合作社办公场所及小型设备购置等基础建设投入，45万元为扩大养殖规模用于购畜。

在发展畜牧业专业合作社过程中，同卡村把发展畜牧业专业合作经济组织作为拓展精准扶贫的"造血"机能、作为精准扶贫主载体和稳定增收长效机制的关键措施，鼓励精准扶贫建档立卡户积极参与、积极投入，现已实现全村建档立卡户全部入社，精准扶贫建档立卡贫困户产业扶持羊801只全部自愿入股。2017年30户入股牧民分红70多万元，2018年为合作社成员分红1180051.04元，每股收益207.7元，户均分红约达4244.79元。2019年全村牧民入股，户均分红逾5000元。

目前，同卡村畜牧业合作社是治多县唯一一个整合率达到100%的生态畜牧业合作社，合作社对同卡村276户牧民1148人的草场、牲畜100%入股，实行统一轮牧，打破了以前牧民们各自分散的养殖方式。根据同卡村生态情况，对冬春季、秋季、夏季草场进行重新调整，探索出了一条在保护草场前提下，促进畜牧业可持续发展的路子。

（三）构筑连心桥，聚力助脱贫

加强与北京对口帮扶联点单位的协调沟通，帮助联点单位进一步掌握村情实际，热心反映群众最迫切的需求，为精准帮扶提供保障。北京丰台区对口援助购畜资金项目，总投资30万元，不仅加快了生态畜牧业扶贫专业合作社增效和贫困人口稳定脱贫步伐，更扩大了生态畜牧业扶贫专业合作社综合生产能力、品质和效益。为了进一步提升脱贫人口及贫困牧民生活水平，扩大生态畜牧业扶贫专业合作社，推进畜牧业增产增效，促进贫困户稳定脱贫，经乡政府及同卡村两委班子成员多次举行专题会议，并召开群众大会研究决定，积极推进贫困牧户产业扶持进程，同卡村非贫困村集体经济发展资金购畜项目，用投资资金60万元在原有的牲畜基础上增购生产母羊。

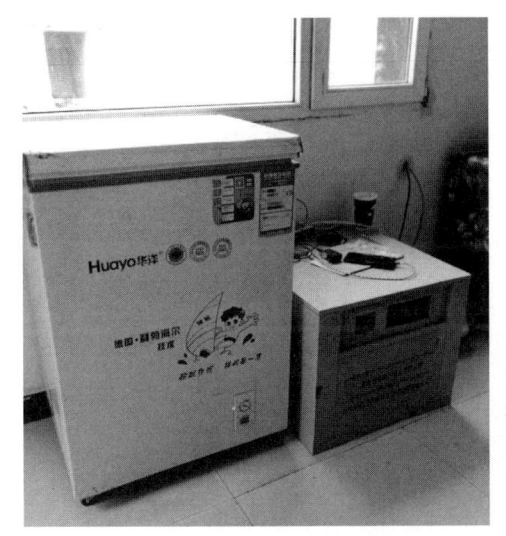

图 3-2 贫困户更松南江家的太阳能冰箱及卫星电视

四、脱贫攻坚经验总结

同卡村的脱贫,从根本上讲,是尊重、利用和调适其文化,形成发展的共识,并通过合作社这一至关重要的新型经营主体,顺利地实现了传统文化与现代性的对接,使他们拥有的资源进入了市场而获得了经济收入。具体来讲,其经验可以总结为以下几个主要方面:

(一)尊重民族文化传统,以爱党爱国凝聚发展共识

同卡村所在的治多县,是典型藏族文化区域。治多县县委、县政府在充分尊重藏族文化传统、巩固党的基层的同时,加强爱国主义教育,促进各族人民和宗教团体对党和国家的认同。

一方面，积极满足藏族群众宗教文化生活需要，以治多县"一寺三点"①为主要公共活动场所，保存、维系、弘扬藏传佛教优秀传统文化，开展正常宗教活动，开展佛学理论研究，满足广大信教群众的信仰要求。"一寺三点"实行民主管理制度。民管会是寺院的最高决策、管理、执行机构。民管会要在县宗教主管部门的行政领导和佛教协会的业务指导下开展工作。

另一方面，努力发掘和弘扬藏传佛教教义中利于祖国统一、民族团结、社会发展、时代进步和健康文明的内容，发扬藏传佛教的优良传统。治多县将贡萨寺建成爱国主义教育基地。贡萨寺原住持第十九世秋吉活佛是一位爱国爱教活佛，是第八届全国人大代表，生前任玉树藏族自治州人大常务会副主任。在县委、县政府的正确领导和十九世秋吉活佛的主持和教育下，全寺僧侣遵纪守法、爱国爱教，与境外势力划清界线，反对达赖集团的政治立场，拥护党的民族宗教政策，并在本教与其他教派相处方面严于律己、和睦相处，不信不传不参与破坏教派之间关系的活动。

2017年，治多县邀请班禅大师来县里举行摸顶仪式，近十万藏族群众（包括治多附近其他县）享受了这至高无上的荣耀。这在当时引起了巨大的反响，群众说他们要感谢的不是班禅大师，而是党，如果不是党和国家，他们连见到班禅的机会都不一定有。

正因为党和国家在藏族群众心中的崇高威望，他们对党和国家的认同也是发自肺腑的。党的政策、方针也能迅速被他们所接受并得到执行。同卡村的总人口仅有1100多人，就有94名党员，还有43名入党积极分子，年轻人入党的积极性很高。这就是对

---

① "一寺"即贡萨寺，"三点"即索加宗教活动点、扎河贝果宗教活动点、治渠江庆甘珠尔尼姑宗教活动点。

党的认同的最好写照。在村中，党组织和党员个人都发挥着良好的带头作用。邻村的江庆村和治加村遭受了雪灾，同卡村的全体党员自发募捐，捐了2万多元钱；村里的老党员，因为通天河边出村的路不好，经常自发修路；在采虫草的季节自发清理生活垃圾，等等。引领同卡村发展的合作社，也是在党员的带头下成立起来，并在村党支部的带领下不断壮大。同卡村的脱贫，首先就是因为有了强大的基层党组织这一战斗堡垒。

（二）调适草原生态，重新利用生态文化

天然草地是治多县自然生态系统的主体，拥有世界上海拔最高、面积最大的高原湿地生态系统，是我国重要的生态屏障，同时也是畜牧业生产的重要物质基础，在全国可持续发展大局中，具有不可替代的生态地位和重要的战略地位。

今天，为了保护生态，藏族的畜牧业面临被挤压的困境。按藏族的传统生计方式，并不会造成对草原生态的破坏。而且，世代居住在草原上以牧业为生的藏族群众，也难以在短时间内适应其他生计方式。因此，改变一些现有的不恰当的认知，重新利用他们的生态文化，这也是维持藏族群众生计的基础。

我们在对治多县的调研中了解到，治多县的羊在秋天有70万只到75万只，除掉吃肉的卖掉的，存栏数45万只到50万只。但在一些人看来，要保护生态，发展牛羊可能跟国家政策相抵触。熟悉草原生态的当地干部说："这样的观念是错误的，不能把生产断了机械地去谈生态。"治多在"文革"期间牲畜达到200万头，但草场却一点都没退化。现在草场退化严重，这不是牲畜过载造成的，而是放牧的方式不对造成的，草场要合理放牧才能维

持正常的生长。当地干部打了一个比方，草场就像头发、韭菜一样，越割才越长。在改革开放以前，人们能够严格执行传统的放牧方式，使草原得到生息，而包产到户就做不到了。

我到同卡村一户牧民家调研得知，他家包产到户的时候是七个人，分了150头牛，200只羊，草场有1万亩，其中可利用的将近9000亩。改革开放30年过去了，现在的人口是28个，牛175只，羊一只都没有。我说那你这几年就是靠国家的政策，草场奖补，生态管护员，这些是国家政策性补贴，再加上虫草这些副业。那么这个畜牧业恰恰就没起作用。那你们这个民族今后怎么办？民族的出路在哪里，所以我必须要养牛养羊。再说在草原上有一个生态系统，生物必须要有多样性，从牛羊到野生动物形成生物链。我说必须要把羊发展上去，在草原上做文章。那就是以合作社为主。好，合作社为主那就得有个计划，出栏率也能提高。我就做计划，计划实施了以后，老百姓的钱袋子也鼓起来了，畜牧业也发展上来了，草场的自然修复也恢复起来了。（访谈治多县县委书记，2019年9月16日）

我们在同卡村的调查也进一步证实了合作社的生产方式对草场生态的促进作用。

生态上，我觉得合作社的贡献就是对草山的合理利用，草山比原来单家独户的时候好太多了。以前牛羊多的时候载畜量过多，少的时候又没有。草山还是合理的利用、合理的循环，才是一个恢复得好的方式，如果一直把它放着反而退化掉了。同卡的草山退化率是比较低的，主要我觉得得益于我们合作社养的羊。咱们以前，游牧的民族几千年的历史延续下来的，形成了自己对生态的利用方式。同卡的草山的利用率是比较好的,这得益于合作社整体合作了以后,对整个草山循环方面是有好处的。(访谈同卡村村委会主任,2019年9月18日)

由于县委、县政府没有机械地执行国家生态保护的政策,而是积极吸收藏族数千年的生态文化,在包产到户、草场被分割的现实情况下,以合作社这一新形式,将分散的资源再次统筹起来,使得对草场的利用变得循环可控,传统的生态文化有了再生的基础,其结果是既保护了草原生态,也使藏族牧民的生计方式得以延续,并以这一生计方式维持他们的可持续发展,这样的做法既有担当,也有智慧。生计方式的延续反过来又促进了藏族文化的延续和发展,因为用当地人的话来说,没有草原就没有牛羊,就没有藏族和藏族的文化。

同卡村另一个利用好生态文化的案例是对虫草采掘的管理。同卡村是治多县有虫草资源的9个村之一,虫草质量在藏区来说都是比较好的。由于虫草价格高涨,大量的外地人涌入进来挖虫草,同卡村每年多的时候有一千五六百人进入,少的时候也有七八百人进入。大范围的挖掘,使草场生态面临巨大挑战。对此,同卡村形成了一套管理制度。从虫草刚开始采挖、人员进山到人员出山中间的过程、卡点的设置,都进行管理。既要维护挖虫草的人的人身及财产安全,也要规范他们的行为。每年虫草采挖季节,除了乡里派来工作人员进行管理,村里每个生产小组也会派出人员,保证每个卡点有6个到7个人管理。采挖虫草的所有的人员从进入卡点开始,就要签订环保证书,生产的生活垃圾必须要背出来。

除了要求虫草采挖者保护好环境，同卡村还对他们收取管理费。而收取的这笔费用，同卡村决定各牧业小组每年从中预留 30% 的资金用于壮大集体经济，使其更好地服务于村级事务。2018 年同卡村虫草采集管理费收入 885 万元，260 万元预留在村集体账户，其余 625 万元已经发给了牧民群众。这笔收入也成为脱贫攻坚中一个重要的支撑点，在收入高的年份，一个家庭就可能分到上万元。还有部分牧民自己去挖虫草，一年的收入也可能达到一两万元。

图 3-3 牧民日南及其妻子的幸福生活

（三）调适文化观念，合作走向市场

前文指出，受到宗教观念的影响，藏族牧民虽然大量养牛羊，但是却并不看重出栏，因此，他们的经济收入也就难以提升。如何化解这一矛盾呢？同卡村依然是用合作社很好地解决了这一问题。

比如说你要出栏，那就在宗教上好像有点违背教义的意思，有点杀生的这种概念，可问题是我觉得您养了羊养了牛，您不出栏您还能干啥呀？您不是成了它的主人，而您成了它的奴隶了。那次我去州里开会，我说我们的出栏率非常高，好像觉得有些其他的地方来的不理解，觉得你是藏族，你一个藏族牧民，你主张杀生。怎么办？我觉得要这样去理解，要我杀生绝对不是为了作恶，对吧？是为了一个地区的进步，一个群体的进步，我觉得这是做好事而不是做坏事。真的所以你要出栏的，那你单家独户，比如说您私人财产，我没有权利让您硬性地要求您出栏。我敌不过这个宗教的根深蒂固的观念的话，那我这工作不是做不了吗？但是如果是合作社的话那就是集体决策了，我不用面对单打独斗的这种场面了，就可以政策的方式去弄了，今年出栏率要达到多少，明年的出栏率要达到多少，这个可以做的，这个一做完出栏了，那肯定有见效益了，见效益我才能分红，要不然我不出栏我能给您分什么呀？（访谈同卡村党支部书记，2019年9月18日）

同卡合作社设4处藏绵羊集中养殖场，圈养藏系绵羊4700只，4处牦牛集中养殖场，圈养牦牛480头。为充分利用入股草山，合理配置畜群，全村其余牲畜共计6834头只牲畜分别由27个本村畜牧专业合作社所属小型联户经营按草场利用半径流动圈养。合作社生产母畜比例占总牲畜量的64%。2015年下半年起，合作社初步启动股份制改制，已经完成草山整合和牲畜入社的股权测算，股权公正工作正在进行，草山股份公证已经完成。在发展畜牧业专业合作社过程中，治多县同卡村把发展畜牧业专业合作经济组织作为拓展精准扶贫的"造血"机能，作为精准扶贫脱贫主体载体和稳定增长长效机制的关键措施，鼓励精准扶贫建档立卡户积极参与、积极投入，现已实现了全村建档立卡户全部入社，精准扶贫建档立卡入社户已达到75户，其中一般贫困户39户，返贫 3 户，兜底性低保户 33 户。合作社成立至今，通过村民入股和国家投资扶持，合作社由最初的雏形日渐成熟。

面对藏族传统文化观念与发展之间的张力，同卡村很好地利用了合作社这一市场经营主体，将文化的制约因素抽离出来，通过观念的调适，顺利地打通了村庄资源通往市场的道路，既实现了发展，又没有造成文化紧张。

图 3-4　散落在草场的"珍珠"

五、结语

贫困除了自然因素、结构性因素外，也有文化和传统因素在起作用，反过来看，脱贫攻坚的成效，也与文化及传统因素有关联作用。少数民族地区千百年来形成了独特的地方文化传统，当地的任何工作，都需要将保护和深化民族团结、民族和谐结合起来，将尊重和传承民族文化结合起来。脱贫攻坚不只是要解决贫困群体的收入增长的问题，还要解决其文化与精神生活需要的问题，这是脱贫攻坚目标所应该包含的内容。同时，很多成功的扶贫经验也显示，发挥传统文化特别是传统生态观、伦理价值中积极的一面，重视社区生活中的传统治理资源，对脱贫都有着重要的作用。另外，地方性知识和传统手工艺、特色种质资源等，都能成为脱贫攻坚的有力助推，对这部分资源的有效利用，能更可持续地实现脱贫目标。把文化权力转化为发展动力，把文化权利转化为经济权利，把资源转化为发展资本，这是少数民族地区脱贫攻坚要遵循的基本原则。

从上述维度看，同卡村的脱贫攻坚实践具有很强的典型性，既尊重了当地的文化，又利用和调适了传统文化；既通过发展提高了牧民的经济收入，让他们摆脱了贫困，又使他们的文化不因发展而付出巨变的代价。在传统文化与现代性的共生之中，当地的群众体验着他们独有的幸福。

我觉得牧民的生活多好，日出而作，日落而息，没有压力。自己挖了一点虫草，村里收的管理费也会给贴补一些，从合作社也可以得到收入，然后我本身养牛又养羊，还有其他的收入。但是我并不仅仅依靠这个收入去维持生存，现在我讲究的是生活的质量，而不是生存的质量。所以我的休息是比较随性的，不像城里人那样为了生活而奔波。（访谈同卡村村民，2019年9月18日）

脱贫摘帽不是终点，而是新生活、新奋斗的起点。打赢脱贫攻坚战、全面建成小康社会后，要在巩固拓展脱贫攻坚成果的基础上，做好乡村振兴这篇大文章。同卡村的脱贫攻坚为乡村振兴奠定了坚实组织基础、产业基础以及内生动力基础，将继续在加强基层党组织建设的基础上，全面推动产业振兴、组织振兴、人才振兴、文化振兴、生态振兴，创造更加美好的明天。

（本案例执笔人：张建　曹端波　孙兆霞）

案例点评

　　脱贫攻坚，民族地区是重点。而民族地区的贫困问题，除了自然资源相对匮乏、生存环境较为恶劣等因素外，还存在着民族文化中若干因素与以市场化为导向的现代经济发展需要不相适应的问题，以及与之相应的生产生活方式变迁的问题。从同卡村的案例我们可以看到，民族村寨存在着丰富的文化资源、生态资源、畜牧资源等，这些资源都有高度的价值，只要找到合适的方式，将这些资源转化为面向市场的商品，实现其经济价值，便能够很好解决当地的贫困问题。而要实现这一目标，就需要通过一定的手段，来调适当地少数民族群众的文化观念。而同卡村通过党组织这一关键力量，以合作社的组织方式，将全村畜牧资源统筹起来，让资源转变为资产，很好地解决了短时间内群众观念难以转变的问题，以市场实现收益，将丰富的基于藏族生计文化的资源转化为群众增收致富的渠道。这对民族地区的减贫发展都有启发意义。

　　（点评人：黄路，贵州民族大学社会建设与反贫困研究院副教授）

第四章

恰不将村：

嵌入生态保护的游牧贫困村脱贫之路

我国的游牧业主要位于西北地区，这里的环境十分特殊：牧民逐水草而居分布广泛，由于海拔较高、降雨少、土层稀薄，一旦草原被破坏难以恢复，会对整个生态系统造成不可估量的影响。受制于偏远的地理位置，牧民的收入一般很低，贫困问题十分严重。青海省甘德县的恰不将村即为这类村庄，该地在面临诸多因素制约的情况下，在精准扶贫工作中探索出一条"基于政策托底的适度开发"式的脱贫之路：依托国家政策和财政支持提高收入，对当地进行有限度的开发，在完成脱贫攻坚任务的同时保护了环境，并给基层治理和干群关系带来了翻天覆地的变化。

一、三江源核心保护区的贫困游牧村庄

　　青海省南部雪山连绵，河流密集，孕育出世界闻名的长江、黄河和澜沧江三大河流，有着"三江源"之称。甘德县岗龙乡的恰不将村紧邻黄河背靠大山，村内雪山、草场、河流、牛群广布，构成一道美丽的高原游牧村庄美景。该村地处三江源核心保护区内，是一个典型的游牧贫困村庄，脱离贫困一直是一个亟待解决

的大问题。实施精准扶贫以来,恰不将村秉承环境保护与脱贫增收的双重目标,走出了一条脱贫攻坚的独特道路。

(一)位于"中华水塔"的游牧村庄

恰不将村位于三江源核心保护区内,分布着广袤的高寒草场,是一个典型的游牧业村庄。传统的游牧仍是主要的生活方式,牧民在冬季、夏季草场进行季节性的迁徙放牧,户与户之间居住分散且生产生活流动性大。受到高海拔和山脉广布的影响(图4-1),村庄年均温度在零摄氏度以下,每年的无霜期时间仅为一两个月。村内共有草场23万亩,辖6个牧业生产合作社,截至2015年全村共有299户1124人[①],其中藏族群众接近百分之百。得益于三江源保护区内丰富的水资源,恰不将村发达的地表水系为牧草生长提供了充足水分,草场的质量较好可以满足牲畜的需要,虫草等药材资源也很丰富。

不同于东部农耕区以经济发展为中心的安排,恰不将村地区生态脆弱,保护好生态环境是当地的核心目标。三江源核心保护区有"中华水塔"之称,在为大江大河提供水源上发挥着重大的作用,恰不将村内的东柯曲河(图4-2)即为黄河的支流之一,注入村庄南部的黄河干流。该地区生态环境十分脆弱,一旦被破坏恢复周期很长,将对环境造成严重的后果。"绿水青山就是金山银山",保护好了当地的生态环境,才能保护好母亲河、保护好中华民族。环境保护在当地被列为首要任务,也是政府考核的首要指标,各个政府部门对生态保护给予了高度的重视:

---

① 数据来源于甘德县岗龙乡恰不将村精准扶贫调研报告。

从一个中央层面给你提高，生态保护是最重要的，省上也是按照这个以后，我们就是优先保护生态环境，所以这两年他是越来越重视这一块。①

图 4-1　恰不将村的高山　　　图 4-2　东柯曲河

（二）生态保护与救济式扶贫

精准扶贫以前，国家在恰不将村实施救济式扶贫，对牧民的生活进行基本的保障。一方面，政府通过社保体系的建设对低收入人口进行兜底，另一方面对草场进行确权，并实施退牧还草工程和天然林保护工程，发挥生态资源的潜在效益。受到自身经济条件的限制，恰不将村 2015 年以前的扶贫工作以社会救济和社保覆盖为主，着力对低收入人口进行帮扶。2003 年开始，恰不将村逐渐有了各种初步的扶贫政策，以物资发放和社会保障为主要方式；2012 年以后，扶贫部门在当地进行连片开发，村庄使用扶贫款购买两台运输车和部分牛羊等物资用于发展生产，购买两台车用于运输帐篷等物资；同时，低保、五保、医保等政策逐步落实，到 2015 年，恰不将村已有低保户 42 户，五保户 16 户②，对收入

---

① X20190924 甘德扶贫局访谈记录表。
② 数据来源于 Z20190921 甘德岗龙乡驻村干部访谈记录表 1。

低的牧民达到了基本的全覆盖，低保户分为三个档次，每个档次根据牧民收入发放不同的补助：

  按照年收入，它分成三个档次，比如说是只有四百块钱收入的，它有一千多块钱，发放层次不同，标准每年也在往上增长。2011年以后又有单亲家庭补助，3000多每年，还有孤儿4000多每年。①

  为了保护当地的生态环境，青海省逐步推进退牧还草政策和天然林保护工程，在保护生态的同时提高了牧民的收入。一方面，自2003年起，基于在畜牧业发展中草场的退化现象，政府将恰不将村的部分草场进行禁牧并发放补偿，对其余的草场根据质量实施以草定畜，每年按照草场面积对牧户进行奖励；另一方面，恰不将村位于黄河上游，林地涵养水源的作用格外显著，政府先后实施了天然林、公益林和宜林地的保护工程，对覆盖灌木30%以上的林地进行禁牧，发放一定的林补资金并安排护林员，不少村民都就任了这一岗位。

（三）恰不将村的贫困状况

  2015年，恰不将村被列为青海省果洛州的脱贫攻坚村，精准扶贫工作队于当年10月进行入户调查，对村与户的贫困情况进行了深入的识别认定。根据省内2970元的收入标准和"五看"的识别方法，共在299户牧民中识别出114户贫困户②，贫困发生率高达39%。牧民维持着以传统的游牧业为主的生活，主要依靠

---

① Z20190921甘德岗龙乡乡长访谈记录表2。
② 数据来源于甘德县岗龙乡恰不将村精准扶贫调研报告。

畜牧产品收入、虫草收入和政策性收入维持生存，产业发展和外出务工收入几乎为空白，收入来源和渠道狭窄，村民对于转移就业和发展产业缺少意识和经验：

> 他们对这个经营、产业发展根本没有概念，靠畜牧业、酥油糌粑这些维持最基本的生活，这个地方生活也非常单调。①

由于该村地理位置偏远、自然条件差，基础设施和公共服务的发展程度严重不足。当时，全村以地表水为主要饮用来源，在路边开发了42眼机井，全村覆盖率仅为23.7%；电力设施以光伏发电为主，大电网尚未在村里连通，面临着供电有限且不稳定的风险；自2004年以来修建了一部分砂石路，但年久失修通行条件很差。由于牧区面积广大人口分散，各类公共服务很难向村内普及：上学必须要到几十千米外的乡上，因此上学难在当地一直是一个大问题；医疗卫生服务在村内尚未很好普及，受到牧民生活方式和卫生条件的限制，牧民的就医观念和卫生意识亟须进一步提升：

> 他们不选择就医，更多的选择就是宗教祈祷的方式，再者就是有病就拖着。况且这里的交通环境也不行，去省上的话费用也比较大，这里的人比较贫困，没什么钱看病。②

受到当地环保压力和发展状况的影响，恰不将村的扶贫攻坚任务面临着很大的挑战。首先，村庄地处三江源核心保护区内，生态环境十分脆弱，各种设施的建设开发被限制在一定的范围内。

---

① Z20190921甘德岗龙乡驻村干部访谈记录表1。
② X20190923甘德卫健局访谈记录表。

其次，尽管政府在之前进行了一定程度的投入，但村民的收入情况仍不容乐观，村庄的发展程度比较低，产业发展、公共服务和基础设施都需要进一步提高，而地方政府的财力难以承担这些投入压力。最后，以游牧为主的生产生活方式，畜牧业受到天气和虫害的影响很大，收入不稳定。牧民在冬夏草场逐水草而居流动性很大，导致基层组织的凝聚力相对不足，成为脱贫攻坚的一个重要难题：

你每家每户去的话，路程那么远，恰不将当时只有一百多户，这个地方三四户那个地方四五户，通知一下开会都要一个星期。①

二、组织下沉：牧区国家政权的强化

2015年年底，精准扶贫政策正式在当地展开，各种工作开始有条不紊地铺展开来。但是，受到多种因素的影响，国家在恰不将村的治理呈现出一种悬浮状态，对当地的治理程度十分有限：恰不将村海拔高，地理位置偏远，交通基础和通信设施不足，与外界很难保持畅通的联系；藏族游牧地区在语言、风俗、文化、生活上与内地差异很大，国家力量在进入以后进行扎根需要付出很大的成本。精准扶贫工作的开展，需要村庄向上承接一系列的国家政策，完成基层地区的各项建设，而恰不将村与外界的联系薄弱，难以完成扶贫工作中的一系列资源下沉。因此，扶贫的关键就是建立起完善的政治动员机制，通过各种组织建设达成国家政权和资源的下沉，提高国家在基层的治理能力。为了达到这一

---

① Z20190921 甘德岗龙乡驻村干部访谈记录表1。

目的,国家逐步在当地建立起"五级书记"抓扶贫和"四帮"体系进行资源整合,以常规与非常规的监督保证任务的实施,并在村中抓好纪律与组织建设,从而形成一个全方位、多层级的扶贫动员体系。

(一)"五级书记"抓扶贫与"四帮"体系

相比于之前的各类工作,精准扶贫的政治性很强,政府在传统的科层制基础上进行机制重构,形成"五级书记"抓扶贫的工作方式。为了将各类资源整合进扶贫工作的范围内,青海省的省、市、县、乡、村五级党组织书记带头领导扶贫,在各级政府部门成立专门的扶贫领导小组,由各级政府一把手担任组长。各大行业部门被直接纳入领导小组,将"1+8+10"的扶贫工作方案打包分解给部门进行实施。由第一书记直接担任组长,在政府工作中释放出强烈的政治信号,扶贫部门可以更加方便地整合资源进行日常工作:

在政府部门来说,领导小组这种方式是比较常见的。精准扶贫的力度更大,领导小组名义是双组长是书记县长,我办公室我可以以领导小组的名义下发文件。①

恰不将村基层治理能力不足,与外界的联系也受到交通等因素的限制,"四帮"体系使得村庄与外界建立起密切的联系。第一,政府部门包村。州委统战部、州交通局、县交通局、县国税局等部门与村庄连点,为恰不将村实现村脱贫提供各类支持。第二,驻村干部帮扶。恰不将村共有四名驻村干部:州委统战部派遣第一书记,

---

① X20190922甘德扶贫局访谈记录表。

州交通局派遣驻村工作队员，岗龙乡派出两名驻村干部，这些驻村工作队员在整个精准扶贫中发挥着核心作用。第三，政府人员与村民结对认亲。各个连点帮扶部门的人员，与恰不将村 138 户贫困户结对认亲，进行一对一的结对帮扶。第四，党支部"联姻"。包村单位的党支部与恰不将村党支部进行结对"联姻"，下村帮助村支部进行党建工作宣传国家政策，增强村内党支部的凝聚力。

（二）常规与非常规的监督保障

为了确保驻村工作队员的积极性，人员的选拔标准严格并按照目标责任制进行监督，同时以巡查和督察保证政治任务的顺利完成。与其他地区相比，恰不将村不仅海拔高自然条件特殊，藏族语言、文化和习俗也对驻村干部提出要求，驻村工作队不仅要在政治素养、工作素养和身体素质上拔尖，懂藏语也是十分关键的条件。岗龙乡对第一书记存在着监督作用，驻村工作队每年需要制定发展规划，年底向县乡和自身部门汇报工作。第一书记在村庄帮助精准扶贫和基层治理，与村两委的关系十分微妙，既相互合作也相互监督。经过一段时间的磨合，村两委认识到驻村干部的行动是为了村庄的发展，二者利用自身优势各司其职，逐渐形成两委管村内日常事务、工作队争取政策促发展的格局。

在日常的监督考核之外，巡查、巡视和督察作为监管的补充机制，发挥着查找漏洞减少风险的作用。通过县、乡、村各级政府的联动，恰不将村实行了严格的"三查三确保"行动，确保政策得到精准执行：查责任，确保惠民政策落地生根；查腐败，确保扶贫资金安全运行；查作风，确保各级干部忠诚履职。在正常的科层体制下，中央对地方的政策执行情况难以完全掌握，通过巡视督察可以缓和层级信息筛选失真问题，从而提升对地方性质的管控力度，减少政策执行的异化偏离。中央和省里的巡视，对村中的扶贫工作起到了及时的纠正作用，改变了扶贫工作的节奏和形式。正如扶贫部门所说，对村庄进行巡查和督察，通报批评并不是主要目的，而是"以整改促学习"，通过督查、通报、整改，发现扶贫工作中的风险死角，让各级政府吸取教训，保证政治任务的实施：

巡视作用就是，他来了以后能发现一些问题，也能及时地发现一些问题，处理一批人，把以前决策错误的一些事情，给你纠正过来了。①

（三）换干部与抓纪律：村级组织建设

村级组织直接与群众相连接，抓好基层组织的建设才能使政策走好"最后一公里"，真正提高村庄的自我管理水平。精准扶贫以前，村内党建和村委工作受到信息闭塞和班子老龄化问题严重的制约，且牧民生活流动性大居住分散，与村委的联系薄弱。2015年，第一书记驻村以后，鉴于村庄治理能力不足的现状，果断以紧抓党建为突破口，提升村庄的治理能力。结合党建的政策规定和村庄的实情，第一书记积极组织党员召开会议，学习中央政策文件精神，健全党建工作的制度，并积极吸纳了一批新的党员，为村内党组织注入新的活力：

他的党组织关系全部要理顺起来，村里面去的话，党员支部你必须要完善开会制度，每天都在村委会里面值班的，包括发展

---

① X20190924甘德扶贫局访谈记录表。

党员、党支部的管理，第一书记要承担。①

为了进一步提高村庄治理的活力，提高村集体的凝聚力，恰不将村狠抓干部建设。针对村内一些年龄较大、思想意识不足的干部，在2017年的换届选举中进行调整，将更年轻更有能力的人才纳入村两委和社长之中，强化基层组织的动员能力和组织能力。随着村内人事的改变和工作的调整，牧民与村两委的联系日益密切，基层组织凝聚力明显增强：

强化基层治理能力的工作一个是健全组织，就是村支部、村两委该调整的就调整。再就是把他们经常组织起来学习，这几年通过各种活动，基层组织的凝聚力明显增强了②。

为了推进恰不将村的民主法制建设，维护社会稳定，树立良好的民风、村风，创造安居乐业的社会环境，促进经济发展，建设文明卫生新牧区，在经过全村村民一致同意后，村委制定出村规民约进行村庄自我管理。村规民约的主要内容涵盖了社会治安、消防安全、村风民俗、邻里关系和婚姻家庭等方面，涉及范围广、规范细致，且结合了当地的传统习俗与行为习惯，在日常运作中作用显著。

三、适度发展：生态保护下的脱贫攻坚

面对脱贫攻坚这一政治任务，恰不将村在落实青海省"1+8+10"的脱贫任务过程中，以环保为前提进行有限的发展。

---

① X20190922甘德扶贫局访谈记录表。
② Z20190921甘德岗龙乡驻村干部访谈记录表1。

脱贫攻坚是国家对于当地的核心任务，必须通过各种政策帮助牧民提高收入摆脱贫困，面对三江源核心保护区的脆弱生态，直接采用其他地区的扶贫工作方法是不合适的。因此，因地制宜进行适度发展成为一条可行的道路：利用政策收入将当地丰富的生态资源福利化，发展地方特色产业，在进行基础设施与公共服务下沉时考虑到牧区实际情况进行变通，并对基层的社会秩序进行重塑。通过这些方式，恰不将村在实现精准脱贫的同时，有效地保护了当地的生态环境，发展出一条适合自身的脱贫道路。

（一）生态资源福利化：草补、林补和生态管护员

恰不将村立足自身生态优势和国家政策，积极使用草场和林地的保护政策提高收入，将生态资源转变为牧民的经济效益。在传统的发展过程中，牲畜在牧民生活中发挥着财产储存防止风险的作用，加上交通不便难以出售，村庄中的牛羊数量严重超过草场的承载量。2003年以后，甘德县草原工作站根据国家的政策，开始实施退牧还草政策，对恰不将村内一些破坏严重的草场实施禁牧，对较好的草场实施以草定畜，限制牧民牲畜的数量，按照亩数进行生态补偿；2015年精准扶贫工作开展以后，政策力度进一步加大，草畜平衡和禁牧的奖励也分别提高到2.5元/亩和10.66元/亩，即使草场较少的牧户每年也保底可获得6000元[①]。同时，第一书记进一步向村民加大政策宣传，按照政策将27名村民纳入草原管护员的队伍内，草原管护员每年可获得21600元的收入，可以对家庭收入提升产生很大的支持。管护员对草场的载畜和生态发挥着监管的作用，驻村干部和村两委也积极鼓励他

---

① 数据来源于X20190924甘德自然资源局访谈记录表。

们参与村庄的日常治理。

恰不将村广泛分布着灌木丛林，这些丛林在整个生态系统中发挥着独特的作用，对林地保护也是十分重要的政策环节。2004年，恰不将村的部分林地被划分至国家天然林保护工程，后来又加入了公益林和宜林地，政府对覆盖30%以上的灌丛实行禁牧，与草场一样按照亩数发放补贴并设置了护林员。2017年，随着精准扶贫工作的深入开展，护林员的名额增加，在上级部门的多方争取下，恰不将村的部分建档立卡贫困户得到这些名额，与草原管护员一样每年可获得21600元收入。护林员的主要职责包括防止滥砍滥伐、野生动物保护、森林草原防火，病虫害防治等。林地的分布以山的两面为基础，且对牲畜的吸引力不大，因此禁牧在提高收入的同时，对牧民的负面影响很小：

> 我们的这个草场、林地分布的话就阴面阳面，它上半部分长灌木下半部分为平滩、草场，长得特别有规律。灌丛类的草场质量比较低，牛羊不怎么吃的，禁牧以后影响也不大。①

（二）产业重塑与转型

基于以游牧业为主的收入格局，恰不将村在扶贫工作中积极进行产业格局的调整，为村民的收入增强活力。针对畜牧业的潜在风险，扶贫工作中对畜牧业进行改造，并大力保护草场的生态。同时，在第一书记的带领下开发地方资源，尝试发展出一批极具特色的产业，鼓励牧民参与技能培训和转移就业，努力提高村庄内部自力更生的能力。

---

① X20190922甘德林业局访谈记录表。

通过增强牧民抗风险的能力和草场保护措施，恰不将村的畜牧业得到了良好的发展。驻村工作队进入村庄后，大力对畜牧业发展进行了多种改造措施。首先，对草场进行有效补充和积极保护。当地的虫草资源一直是牧民主要收入来源之一，村内对虫草资源的开发进行合理规定，开发的同时加以保护，既增加牧民收入又维持了生态的稳定；对退化严重的草场进行禁牧，对其他牧户实施以草定畜，并对草场上的鼠害与病虫害进行治理；全村建设了草饲料培育基地，种植牧草为牛群的过冬做准备。其次，在甘德县政府的牵头下联系保险公司，为牧户的牛羊购买保险，如果意外死亡可根据情况获得补偿，在恰不将村中获得了积极的响应。最后，为了克服单个牧户能力的不足，恰不将村学习当地的"岗龙模式"，采取"政府扶持＋合作社运行＋牧户入股"的经营模式，将牧民分散的草场进行适度规模经营，实行以草定畜、划区轮牧、统一经营、按股分红，提高单个牧民的抗风险能力。

精准扶贫工作队在扶贫过程中，积极整合村庄内外的资源，开发地区特色产品发展多元产业，促进了村集体经济的发展和村民收入的提高。恰不将村在扶贫工作开展前，并没有产业基础和发展经验，以游牧业为主的生产结构十分单一。扶贫工作队多次入户调查牧民的贫困情况和发展意愿，在综合了民众需求和村庄内外资源之后，于村内召开大会对产业方向进行讨论。在这一过程中，第一书记的发展视野和知识结构优于地方精英，村内干部则对村内情况有着更充分的了解，二者的通力合作使得项目兼具合理性与可行性。例如恰不将村的马鹿养殖场（图4-3）和蔬菜大棚（图4-4）的开发，都是由第一书记想出这一点子，给村庄的发展指引方向：

第一书记、乡长我们都一起去考察了的,就是到青海下面就是东部农业区,最后决定搞那个鹿场……每个蔬菜大棚70平方米,主要就是改善他的饮食结构,让周边的老百姓吃到新鲜蔬菜,这几年慢慢长成了。①

在项目落实的过程中,第一书记与驻村队员通过自身人脉和知识,充分利用国家政策在州县争取项目资金。例如驻村干部来自州统战部和交通局,先后向部门争取了资金建设特色产品加工与商铺,并争取扶贫部门的专项资金进行项目建设(如表4-1所示)。在项目资金到达以后,驻村工作队与村委、村民一起进行项目的规划、建设、管理、维护,保证投资可以成功转变为村民与村庄的增收器。经过近几年的发展,恰不将村形成了包括藏服加工、石磨炒面加工、蔬菜大棚、牧家乐、养鹿、家政服务等多个产业,这些产业类型多样运行良好,促进了村集体经济"破零"和牧民收入的提高。

图4-3 马鹿养殖场　　　　　图4-4 蔬菜大棚

为了进一步提高牧民收入,驻村工作队积极组织村民参加技能培训,以转移就业的方式实现脱贫。恰不将村受到传统生活方

---

① Z20190921甘德岗龙乡驻村干部访谈记录表1。

式影响，牧民习惯放牧生活缺少其他劳动技能和意识，往往固定在自身的牧场上维持生存。精准扶贫工作队下村以后，为了弥补牧民技能上的劣势，从 2016 年开始，驻村干部动员村民参加人社局进行技能的培训，参加培训的牧民每天发放 20 元补贴。培训内容包含烹饪、驾驶、家政、挖掘机操作等多种课程，参加培训的牧民每天发放 20 元补贴，村内先后共培训了 40 人左右，2019 年恰不将村的短期技能培训，如表 4-1 所示。

表 4-1 恰不将村产业发展情况

项目	资金数量（万元）	资金来源
炒面加工厂	3	州委统战部
商铺	10	州交通局
藏服加工厂	15	县扶贫局
蔬菜大棚	70	东西部协作
马鹿养殖场	242	入户产业资金（6400 元/户）
村内砂石路	800	州交通局

经过技能培训后，牧民掌握了务工技能，部分培训成员成功实现就业转移。每次入户与牧民交流时，扶贫工作小组成员鼓励村中的剩余劳动力开放意识，通过销售畜副产品、就近就地务工、承包经济实体等形式转移就业，比如来自交通局的干部动员村民到工程上打工：

比如说这个修路的时候，我给他们介绍过去打工，激发他们的内生动力，他们就喜欢劳动了嘛。其他人虽然没有打工，但是增长了见识开阔了视野，他们有这个意愿，以后他们还可能继续打工。①

(三) 适应游牧区的基础设施建设

恰不将村受到环保目标和游牧式生活等因素的影响，对基础设施建设实行了适度开发的政策。当地生态环境脆弱，工程建设一旦破坏地表土层，对环境的危害极大，牧民分散的生活方式也导致水电路和住房建设的经济成本高昂。因此，当地的基础设施建设没有采取农耕区的标准形成紧密的设施网络，而是形成点状分布满足牧户的生活需求，例如政府在解决当地饮水问题时，在冬夏季牧场打机井而不是进行自来水管道铺设；电力设施先以光伏项目满足基本通电，大电网则进行逐步的开发；村内的交通建设以砂石路为主，以免对生态造成破坏；积极进行游牧民定居和易地搬迁工程，方便牧民的日常生活。

利用三江源地区丰富的水资源，恰不将村通过打机井的方式，满足了牧民生产生活用水的基本要求。牧民传统上以地表水为主要饮水来源，取水距离远、水质得不到保证。2012年，村委会向上级反映以后，县水利部门开始为部分村民打小型机井，但覆盖户数有限。2015年精准扶贫工作开展以后，由于牧民以冬夏季草场进行迁徙，每家之间相距很远，铺设自来水管道的成本高，当地的地下水资源丰富打井成本低，因此通过这种方式即可以满足需求。例如在2018年，恰不将村累计改造小型机井42眼、新建23眼，每一眼大约耗费2万元②。牧民在冬季草场和夏季草场迁徙放牧，打井的位置也与当地习俗保持一致：

---

① Z20190921甘德岗龙乡驻村干部访谈记录表1。
② 数据来源于X20190923甘德农牧水利科技局访谈记录表。

牧民大部分时间就是冬窝子里边住，冬窝子的房子配套打着机井。夏窝子各个牧户全部都是季节性的公用草场，大家集中到一块，牛羊也集中到一块，集中地给他打上几眼井。①

恰不将村的电力建设起步晚，在发展过程中形成了以光伏为主、电网线路逐步推进的格局。2003年以后，政府为部分村民安装了光伏发电设备；精准扶贫工作开展后，县扶贫局基于恰不将村面积广、牧民分散的现状，在牧民家中建设光伏发电装置；大电网项目进入政府的规划，恰不将村在2010年将连入110千伏的变电站电网中。当地进行线路架设的成本很高，需要穿过长距离的高山才能接入村民家中（图4-5），如果从经济收益和成本考虑，恰不将村电力设施无法收回成本，社会效益是政府投资的主要考量。因此，电力部门在村中进行电网架设时，实际上是通过全国的资源进行统筹安排：

图4-5 村中的电力设施

电力公司在成本这方面，没那么计较。这就是大网络的好处，

---

① X20190922甘德林业局访谈记录表。

国家电网就可以在其他地方赚钱,在这地方投资投入。①

由于硬化路面的建设对三江源地区的生态环境破坏很大,恰不将村在道路建设上采取了砂石路,这一方式的低成本也更利于项目推广。自 2015 年以来,恰不将村累计投资 800 余万元②,修建了 50 余千米砂石路,基本满足了牧民的生活需求。恰不将村的驻村工作队员来自果洛州交通局,交通局的驻村干部在道路项目上有着知识和社会网络的双重优势,在向上级争取项目的过程中发挥了关键作用:

我们作为这个交通上的,向上反映报项目也做了一定的工作,我们是交通局的人,这方面反映还是相对好一点。③

(四)公共服务的全面下沉与普及

恰不将村的公共服务,在近几年取得了巨大的成就,对牧民的日常生活意义重大。当地公共服务起步较晚,经过政府多年的努力实现了服务的普遍化:成功普及义务教育实现了零辍学,学校的硬件和软件设施得到改善,家庭因学支出的压力减小;医保体系在村中逐渐普及,对当地的地方病形成了有效的治疗体系,缓解了牧民看病难与看病贵的困扰;卫健部门不断通过各种政策宣传和卫生服务,转变了牧民的卫生健康观念。

为了解决牧区群众的教育问题,政府在控辍保学的同时采取以奖补政策缓解因学致贫的压力,努力实现以教育促脱贫的目标。

---

① X20190922 甘德电力局访谈记录表。
② 数据来源于岗龙乡恰不将村精准扶贫工作汇报 (2019 年 1 月)。
③ Z20190921 甘德岗龙乡驻村干部访谈记录表 1。

2000年开始,当地开始进行义务教育工作,但村内的学生必须到几十千米外的岗龙乡上小学,初中则在更远的县城,落后的交通给学生带来极大的不便,导致家长和学生的积极性都不高。开展精准扶贫工作以后,第一书记和其他人员经常向村民宣传教育政策;政府全面落实15年免费教育,学生可以享受生活补助、学费减免、助学金、奖学金、助学贷款等资助政策;乡里面的初中、小学和幼儿园的质量也得到了很大的提升,交通设施的便利也方便了学生上学。在政策普及和各类宣传的作用下,恰不将村47户中的71名适龄学生无一人辍学,牧民参加教育的动力得到内生化。

恰不将村医疗设施、医保体系和卫生知识的改善,对牧民生活起到了良好的保障作用。首先,2015年以后,政府出资建设了60平方米的标准化村卫生室,配备了完整的医疗设备,对村医进行专业培训和证书化管理。针对牧户看病难的问题,低保政策在当地进一步普及,到2019年121户建档立卡贫困户都可以享受国家的这一保障。其次,通过"一免七减"、医疗服务"十覆盖"政策,牧民在重大疾病门诊救助、住院救助和大病救助政策等方面得到了良好的保障。最后,卫生部门深入牧民家中宣传卫生知识,村民的卫生健康观念得到了极大的改观:

以前都是过去给他们打针他们还不打,现在很多都是自己抱着孩子来卫生院打防疫针。网络的覆盖、交通的便利,使得他们能看到外面的这些医疗的现状,再加上各种政策的普及,干部下去跟他们做思想工作,他们才有这样的改变。①

---

① X20190923甘德卫健局访谈记录表。

（五）牧区社会秩序的重建

作为一个偏远的游牧村庄，国家政权在恰不将村的影响力相对不足，村庄治理能力的提升是摆在政府和村庄面前的一大难题。精准扶贫工作开展以来，政府将上级的人才、资金和知识传递到村中，在村庄之中实施定居工程提高牧民幸福感和凝聚力，积极对民众进行政策宣传，引导当地的风俗习惯助力精准扶贫，使得国家在牧户中的影响力逐渐加强，干群关系与社会秩序不断改善。

恰不将村通过易地搬迁和游牧民定居政策，极大改变了当地的生活方式，也增强了牧民与政府的联系。以游牧业为生的村民，居住在帐篷中按季节进行迁徙，巨大的流动性给基层治理带来困难。2009 年以后政府在当地实施游牧民定居工程，大约覆盖全村村民的 80%；精准扶贫以后，对村内 110 户贫困户实施易地搬迁工程，每一户只需出 1 万元便可入住；村内一些老旧的房子可以申请政府的危旧房改造工程，获得 6 万元补助进行房屋的改造；为了利于转场政府也发放了专门的帐篷。定居以后不仅方便了牧民的生活，也为当地的政策宣传和基础治理带来便利，这一外来事物对当地来说是一个巨大的改变：

比如说以前没有接触房子这东西，他肯定觉得帐篷好，但是一旦住上那么舒服的房子，里面加个炉子，肯定说是比帐篷好的东西。这就是一个历史性的改变，外来事物改变它。①

扶贫工作开展以来，恰不将村积极进行政策宣传和社会建设，努力将村民从"要我脱贫"转变为"我要脱贫"。一方面，各类

---

① X20190924 甘德扶贫局访谈记录表。

国家惠民政策的落实，如教育政策、技能培训、基础设施，不仅拓宽了牧民的眼界和知识，也拉近了他们与国家的心理距离，干群关系改善明显。另一方面，州县内各行业部门、结对政府人员、驻村工作队在进行帮扶时，在牧民中进行法律、政策、卫生、教育等领域的知识普及，对牧民意识的提高起到了很好的作用：

比如州委统战部，他们就宣传民族团结这方面的政策，搞好这个民族团结，还有宗教政策，他从这个统战工作这个思维上，结合他们的行业部门实际宣传政策，宣传总书记的讲话精神，我们省的这个精准扶贫政策。[①]

为了进一步助推精准扶贫，恰不将村进行了移风易俗的工作，加强社会管理。根据当地的传统习俗，牧民遇到丧事时举行仪式需要请人念经，由于村民之间的攀比心理造成支出金额不断增加，给家庭的经济情况造成很大压力：2017年，省委巡视组到达甘德县后，认为应当减少这一类负担助力精准扶贫。因此，甘德县政府部门制定出念经收费的管理办法，对这一习惯进行积极的引导，减轻了牧民的生活负担。

四、国定贫困村脱贫及发展：基于政策托底适度开发模式的成就

（一）脱贫攻坚任务顺利完成

2019年年初，恰不将村顺利达到"户销号、村出列"的标准，

---

① Z20190921甘德岗龙乡驻村干部访谈记录表1。

成功退出贫困县序列。取得的成就有：首先，通过多种渠道提高了牧民和村庄的收入。在收入和产业发展方面，通过政策兜底，累计发放草补资金 183 万元，安排 45 名建档立卡贫困群众从事村级生态管护员〔21600 元/（人·年）〕；对林地保护的地方发放亩均 8.396 元的补助；村内产业在 2018 年收益 13 万元，建档立卡贫困户人均分红 368 元，村集体经济收入达 3.5 万元，实现了村集体经济"破零"的历史性突破。其次，基础设施建设取得了显著成效。安全饮水工程在村里达到了全覆盖；累计投资 884 万元，实施了 56 千米通村公路及 6 道涵洞新改建项目；光伏发电设施通入每家每户，110 千伏的电网也即将连接至村。最后，公共服务逐渐走向普遍化。2019 年，全村 47 户中的 71 名村适龄学生全部入学；政府投资 28 万元，帮助村内实施村级标准化卫生室（80 平方米）；全村新型牧民合作医疗参合 1118 人，参合率 98%，建档立卡贫困人口参合率达到 100%，新型农村牧区社会养老保险参保率达 100%；2016—2018 年，共实施易地搬迁 110 套，110 户 375 人建档立卡贫困户拥有了安全、宽敞、舒适的住房①。

（二）生态文明更加制度化

通过精准扶贫中一系列制度安排，恰不将村的生态文明成效显著，深入贯彻了"绿水青山就是金山银山"的发展理念。第一，产业的转型和重塑，既让村民和村集体经济收入更有保障，又减少了对生态的压力。畜牧业的改造过程中实施了严格的以草定畜，对草场的保护措施也收效显著；产业的发展则将一些劳动力从牧业中转移出来，减小了牧民对放牧的需求，对生态环境起到

---

① 数据来源于岗龙乡恰不将村精准扶贫工作汇报（2019 年 1 月）。

一种保护作用。第二，各种公益岗位，增加了村民的收入的同时强化了生态保护的机制。草原管护员和护林员的设置，一方面直接给牧户带来每年2万多元的收入，缓解了家庭的经济压力，另一方面管护员履行着草原和林地的保护工作，使得生态保护有了充足的人力支持和制度保障。第三，环境保护措施加强、村民环保意识提高。按照青海省"一优两高"的战略部署，恰不将村坚持生态保护优先，推动高质量发展，创造高品质生活，始终将保护好生态作为各项工作的前提，从村到户对生态保护的意识大大提升。

（三）加强了党和政府对牧区的组织领导

经过几年的脱贫攻坚，群众与政府的关系日益密切，党和政府在牧区的影响力得到显著提升。一是村级治理组织机制更完善，人员更强大，增加了基层政权的组织力量。通过抓党建和村干部班子建设，村内更多的地方精英进入自治体系，提升了基层政权凝聚力与活力。二是增加了政府对牧民生活的介入。特别是基础设施和公共服务下乡以后，政府的项目在村中扎根，对牧民生活带来便利使其增加了对国家的认同。三是改变了牧区原有的生产、生活和观念。各类扶贫措施的落实，加强了牧区与外界的联系，新的知识和信息深入到每家每户，大大改变了当地的生产方式和生活观念。四是使党的政策不断下沉。特别是结对帮扶以后，将上级部门的人员直接与牧户相连，形成一对一的帮扶机制，向上与向下的资源、信息传输渠道更为通畅，各项政策沿着这一渠道顺利实施，国家政权在地方上的影响力日益提高。

精准扶贫工作开展以来，尽管恰不将村取得了成就，但仍然存在着一些需要改进的方面。首先，少部分村民仍然存在着发展积极性不足、劳动意识不强、依赖国家政策补助的现象。村民的收入以政策性收入、畜牧业、虫草和中药材等收入为主，外出务工和转移就业的人员很少，收入渠道单一。其次，产业发展效益有限，进一步的升级和转型面临着资金、技术、人才等多方面的约束。最后，当地的基础设施和公共服务起步较晚，需要在未来的发展中加大投入，进一步完善。

五、结论与讨论

2015 年精准扶贫以来，恰不将村通过"基于政策托底的适度开发"这一模式，顺利实现村庄的脱贫，在各方面取得了巨大的成就。恰不将村位于生态核心保护区，牧民以游牧为主居住分散，在脱贫道路上面临着很多困难。在国家的政策安排下，果洛州州委统战部、州交通局与岗龙乡的驻村干部组成扶贫工作队，与村两委班子一起进行扶贫攻坚。来自州委统战部、州交通局和县乡部门的政府人员，与村内贫困户结对认亲，到 2019 年，全村建档立卡贫困户 121 户 399 人成功脱贫[①]。经过脱贫攻坚这几年的工作，村内每人每年平均可支配收入达到 4000 元以上[②]，水电路等基础设施稳步推进，公共服务也逐渐下沉到每家每户，乡村治理愈加合理有序。尽管还存在着思想意识和发展渠道不充分的问题，脱贫攻坚的总体成就是非常显著的。

恰不将村这样一个嵌入在生态保护核心区的国定贫困游牧

---

① 数据来源于岗龙乡恰不将村精准扶贫工作汇报（2019 年 1 月）。
② 数据来源于恰不将村贫困户脱贫村民代表大会民主评议统计表。

村,之所以取得如此大的成就,是因为采取了适度发展的扶贫战略。在国家政权下沉的基础上,以政治任务吸纳行政体系,形成高效的动员机制,将政府部门力量进行整合,使社会的人力、物力、财力得以与村庄建立联系。当地的生态环境虽然限制了可以开发的程度,但合理利用这些生态资源也能够为民众增收。因此村庄充分利用国家生态保护政策,如退牧还草、天然林保护等,对当地的林草资源进行保护的同时获得生态补偿。实现对村级基础设施因地制宜的发展,对公共服务的普遍发展和提升,牧民的生活在新事物的到来后获得了显著的改善,增强牧区和国家的联系。

通过结合地方实际情况,这一模式可以将复杂的扶贫任务落实到基层,有着许多显著的优点。一是能够充分利用国家及各级政府政策支持,使牧民收入和基础设施得以快速提升。村庄结合自身情况充分争取各类政策,如生态保护的政策,精准扶贫中的医疗、教育和低保等实现自身发展。二是在发展的过程中充分考虑到当地生态环境的特征,在施策中灵活进行变通。通过将生态资源福利化,发展特色产业对当地进行适度开发,既能够保护生态环境,又能够保证如期脱贫,实现生态文明与人们对美好生活的向往融合。三是为牧区的进一步发展、乡村振兴打好了基础,并且保证牧区发展的可持续性和转型升级。这一模式将国家脱贫的各类政策顺利扎根到基层,全方位提高村庄发展程度和内生动力,如特色产业的发展、基础设施的完善、公共服务的普及,强化了村庄未来发展的基础,村民意识的提高和基层自治的完善,则为乡村振兴打下坚实的思想基础。四是各种目标相互促进,比如把生态目标嵌入到扶贫措施之中;在结对帮扶的同时进行政策宣传,帮助贫困户增收的同时提高思想意识。

基于政策托底的适度开发模式尽管取得了一定成效，但在实际运行中也有着自身运行的条件和适用范围。首先，这一模式仅适用于生态保护和游牧村庄的地理条件下。政策托底与适度的开发，在我国西北许多生态脆弱的游牧地区有着更好的适用性，可以充分考虑到当地发展中面临的各种条件。其次，这一模式需要大量的国家政策和丰富的外部资源。在生态脆弱的游牧地区内生性资源有限，外部力量的投入可以从根本上改变当地的发展模式和增长速度，是这一模式运行的根本动力。最后，需要建立起良好的组织机制，能够将这些资源充分利用和整合。这类地区与外界的联系本就薄弱，通过强有力的政治动员，将各级政府部门的力量嵌入到同一目标下，从而建立起从国家到千家万户的稳固联结，使分散的资源形成一股强大的增长动力，促进扶贫工作的顺利完成。

（本案例执笔人：吴淼　张涛）

案例点评

习近平总书记在谈及精准扶贫时曾说道,坚持精准扶贫方略,用发展的办法消除贫困根源,因村因户因人施策,因贫困原因施策,因贫困类型施策,对症下药、精准滴灌、靶向治疗,真正发挥"拔穷根"的作用。恰不将村在面临游牧贫困村的独特扶贫场域时,将宏观国家政策和微观地方环境相结合,合理开发当地资源进行收入提升,针对复杂的政策环境进行精准施策,因地制宜地实现了村庄的脱贫发展。

恰不将村自2015年开展精准扶贫以来,充分利用多方面资源实现了自身的历史性发展。在扶贫过程中,该村以组织下沉为基础,以生态资源福利化为突破口,以适度开发为原则,以村庄产业转型为重点,以公共服务优化为保障,走出一条基于政策托底的适度开发道路。该模式在生态保护与经济发展的双重目标下,通过中央政策指引、各级政府参与、行业部门分工、自治组织带动和当地村民融入的方式,实现了当地的经济发展。经过几年的扶贫开发,党和政府对当地的影响力显著提升,村庄收入水平和经济结构不断优化,生态保护从松散自发走向制度化,传统的游牧村庄逐渐与国家与社会接轨,为游牧地区的村庄发展和乡村振兴提供了宝贵的实践经验。

(点评人:吴淼,华中科技大学公共管理学院教授)

第五章

班彦村：
两极化贫困村脱贫之路

青海省有一类贫困村，不但村内总体发展程度低，基础设施配套和公共服务供给不足，而且还面临着因村内自然条件差异而导致的村内发展两极化问题。因此针对这类村庄的扶贫举措既要保证村庄整体实现脱贫，还要改善村内发展两极化的格局。青海省互助土族自治县五十镇班彦村作为这类贫困村的典型代表，在脱贫攻坚过程中采用了一种新的扶贫模式——村庄再造，即以易地搬迁为依托，通过以点带面辐射进行可持续生计建设并逐步缩小村庄内部两极化发展差异，取得了显著脱贫成效。目前班彦村已被定为"国务院扶贫办脱贫攻坚动态观测点""省级乡村振兴示范村""市级乡村旅游示范村"和"民族团结进步示范村"。

一、低度发展与两极分化：班彦村脱贫难题

青藏高原西北部，祁连山南麓，湟水北岸，这里是被誉为"彩虹故乡"的青海省海东市互助土族自治县，五十镇班彦村就是嵌在土乡衣襟上的一朵幸福之花。班彦，寓意富裕和幸福，寄托了一代又一代村民的追求和梦想。然而，现实村情却不尽如人意，

尽管班彦人民与贫困斗争的历史已久，却仍面临着严峻的贫困形势，村庄总体低度发展和村内发展两极分化成为班彦村脱贫攻坚的两大现实难题。

（一）川水与脑山并存的重点贫困村①

作为一个重点贫困村，班彦村既存在一般贫困村发展程度低的问题，还面临着村内发展两极化的困境。班彦村是一个土族聚居村，下辖8个生产合作社共369户1396人，其中六个社共240户912人居住在川水地区，而其余两社共129户484人居住在脑山山坳里②。作为一个传统乡村，班彦村总体发展程度较低，村民普遍遵循传统农业生产为根基的生活逻辑，无村集体经济，户级产业主要为种养殖业，仅能勉强满足家庭需要，因而村民普遍缺乏在村获益能力，2015年村民人均可支配收入仅有2600元③。村内基础设施配套和公共服务供给不足且存在村域差异，全村无村级卫生室提供基本医疗卫生服务；川水地区各社通村道路全部硬化和完成自来水入户工程，而脑山地区道路未硬化且群众只能依靠窖水生活；村内教育资源匮乏，无村级幼儿园，虽有两所小学，但每所小学只有一名教师，其中脑山地区小学房屋已成危房而无法继续使用，导致两社适龄儿童接受教育困难。村内发展两极化态势明显，其中川水地区六个社居住在S102公路旁，地势平坦，种植条件优越，交通出行方便，群众依靠农业和农闲外出务工作

---

① 川水、脑山均特指当地的地形地貌，其中川水地区地势平坦、水源充足、土壤肥沃，生产生活条件较为优越；脑山地区海拔最低在3000米，年平均气温零摄氏度以下，水资源匮乏、土壤贫瘠，生产生活条件相对恶劣。
② 数据来源于《班彦村第一书记及工作队精准扶贫工作总结》，2015年12月24日。
③ 数据来源于"班彦村村级贫困申请认定表"，2015年。

为收入来源，总体生活水平和发展条件较好。五社和六社土族群众却世代居住在贫瘠的脑山山坳里，生存环境和发展条件十分恶劣，在与贫困的抗争中举步维艰。五社、六社群众所居住的沙沟山自然村位于干旱的脑山地区（图5-1右侧），山大沟深、沟壑纵横且自然灾害频发，属于山洪灾害重点防护区域（参见图5-2和图5-3）；两社人均耕地少、土地贫瘠且农作物生长期短，加之耕作技术落后，导致农业投入多产出少。同时，脑山地区未通硬化道路，交通出行不便则引发了"出行难、吃水难、看病难、上学难、务工难、娶妻难"一系列问题。此外，两社群众无专业技能"傍身"且群众"乡愁"浓重，仅凭发展"靠天吃饭"的农业勉强维持生计，长期外出务工意愿较弱，增收渠道狭窄。在调研时我们就了解到：

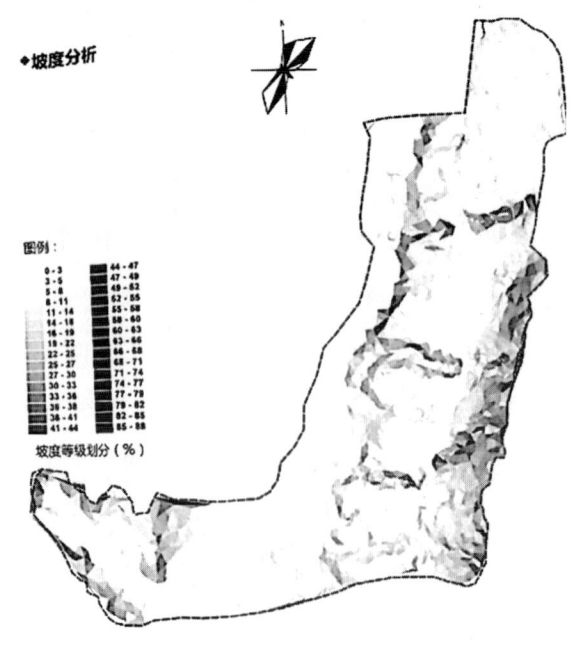

图5-1 班彦村地形坡度图

我们这边人，他就比较恋家，他出去一段时间他就要回来。外地的就管你过节不过节，我就只要有工作可干，我要干对吧？我不回家过节，但是我们这你只要过节了，我把你的工作宁愿不干，我要回家过节，这就是观念[①]。

图 5-2　原沙沟山雨雪天气滑坡情况

图 5-3　脑山地区旧村原貌

---

① C20190915 互助班彦村驻村干部访谈记录表 5。

（二）扶贫历史回顾："一体两翼"模式

2015 年以前，班彦村"攻贫"的历史卷轴以整村推进为主体，以易地搬迁和劳动力转移为两翼扶贫模式为主要内容。作为整村推进的试点村之一，按照"一村一品"和自愿参与的原则，班彦村于 2012 年以保本投资分红的方式投资给互助县鑫源獭兔养殖专业合作社，共计投资 317 户，每户投资 5000 元，累计资金达 158.5 万元[①]。通过对班彦村前任村主任的访谈了解到整村推进项目因合作社老板违约而宣告失败，无法拿回本金和应得分红，后续事宜处理也十分棘手：

（獭兔厂）私人老板就干了五年，咱们去年还是前年都告到法院去了，法院判给咱们了，然后执行的时候还没兑现[②]。

根据班彦村五社和六社"一方水土养不活一方人"的具体实际，班彦村在"十二五"规划中计划实施易地搬迁。然而，搬迁工作不仅需要取得两社群众的同意，还需要对搬迁安置地点、房屋规划建设进行系统安排，这给村两委班子工作带来了极大的挑战。自 2012 年起，五十镇及班彦村有关领导干部便开展五社、六社搬迁动员工作，但由于搬迁成本过高以及老人们安土重迁的思想，搬迁工作进展困难：

（那时候搬迁）征地、建房这些的话，自筹资金全部下来，我记得应该是十一万[③]。村里面的年轻人全部出去打工，所以年轻

---

① 数据来源于《2013 关于互助县 2010—2012 年整村推进投资分红项目后续管理情况的专题汇报》。
② C20190915 互助班彦村访谈记录表 1。
③ C20190915 互助班彦村访谈记录表 4。

人想搬下来，老年人他就不想走。因为啥，拿你那去这么多钱，我没有，出不动①。

为了解决群众的排斥思想和搬迁成本过高问题，2014年五十镇向班彦村专门派驻干部开展易地扶贫搬迁思想动员工作，并"创造性"地利用两房改造项目将五社和六社所有群众纳入危旧房改造资金支持范畴以降低群众的搬迁成本，两社群众最终达成一致意见同意搬迁。然而，搬迁征地的问题却悬而未决，原本计划征用本村三社和七社的水浇地，但因其基本农田性质导致搬迁计划搁浅。搬迁无果造成的直接影响就是五社和六社群众外出务工受限，劳动力无法向外转移。至此，班彦村"一体两翼"的"攻贫"历史完结，其所实施的项目和规划均是以村为单位的粗放式"对村扶贫"，且由于扶贫政策设计与政策执行的田野情境之间不匹配，最终这一阶段的扶贫并未取得实际成效。

（三）村内贫困户的非均衡分布

精准识别作为精准扶贫的第一项工作，包括对村与户的精准识别和认定。贫困村的识别按照"一高一低一无"标准由村自主申报②，村委会根据贫困村认定的标准自主审查。扶贫对象精准识别工作按照"两不愁三保障"总体要求，采用"一标准三道杠五看法"的标准及《五十镇贫困户精准识别和建档立卡工作实施方案》文件要求开展精准识别和贫困对象动态调整工作。由班彦村扶贫工作领导小组负责并专门成立识别核查小组开展识别工作，

---

① C20190915 互助班彦村访谈记录表2。
② "一高"指按行政村贫困发生率比全省贫困发生率高一倍以上，即大于17.2%；"一低"指2013年全村农民人均纯收入低于全省平均水平60%，即低于4737元；"一无"指行政村无集体经济收入。

通过农户自愿申请、村级识别核查小组按标准审查、乡镇进行资产清查和县级审核确认等贫困户认定程序，严格开展扶贫对象精准识别工作，具体流程如图 5-4 所示：

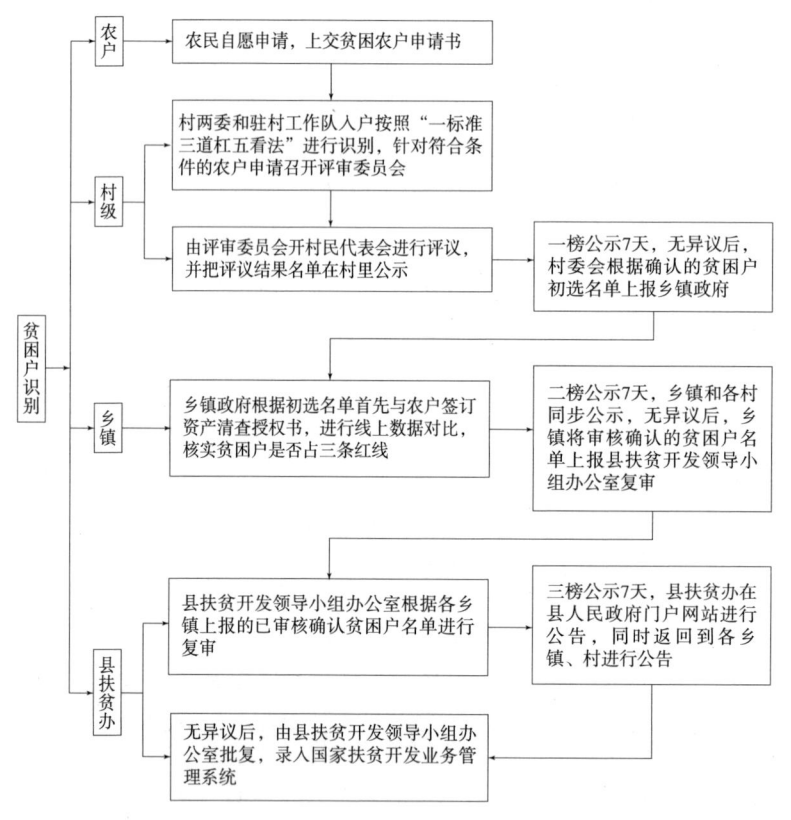

```
贫困户识别
├─ 农户 → 农民自愿申请，上交贫困农户申请书
├─ 村级
│   ├─ 村两委和驻村工作队入户按照"一标准三道杠五看法"进行识别，针对符合条件的农户申请召开评审委员会
│   └─ 由评审委员会开村民代表会进行评议，并把评议结果名单在村里公示 → 一榜公示7天，无异议后，村委会根据确认的贫困户初选名单上报乡镇政府
├─ 乡镇 → 乡镇政府根据初选名单首先与农户签订资产清查授权书，进行线上数据对比，核实贫困户是否占三条红线 → 二榜公示7天，乡镇和各村同步公示，无异议后，乡镇将审核确认的贫困名单上报县扶贫开发领导小组办公室复审
└─ 县扶贫办
    ├─ 县扶贫开发领导小组办公室根据各乡镇上报的已审核确认贫困户名单进行复审 → 三榜公示7天，县扶贫办在县人民政府门户网站进行公告，同时返回到各乡镇、村进行公告
    └─ 无异议后，由县扶贫开发领导小组办公室批复，录入国家扶贫开发业务管理系统
```

资料来源：依据《五十镇贫困户精准识别和建档立卡工作实施方案》自制。

图 5-4　扶贫对象精准识别程序

根据班彦村精准识别的具体情况，班彦村表现出贫困发生率高、贫困程度深的特征。班彦村贫困发生率为 51.6%，各项指标显示班彦村符合重点贫困村的认定要求[①]。村内建档立卡贫困

---

① 数据来源于班彦村村级贫困申请认定表，2015 年。

户 193 户 732 人，经动态调整后为贫困户 183 户 720 人，调整的主要原因为户口迁出或自然死亡。致贫原因分布情况如图 5-5 所示：因交通不便致贫 54 户，缺技术致贫 46 户，缺资金致贫 25 户，缺劳力致贫 18 户，因残致贫 14 户，因学致贫 14 户，因病致贫 12 户[①]。

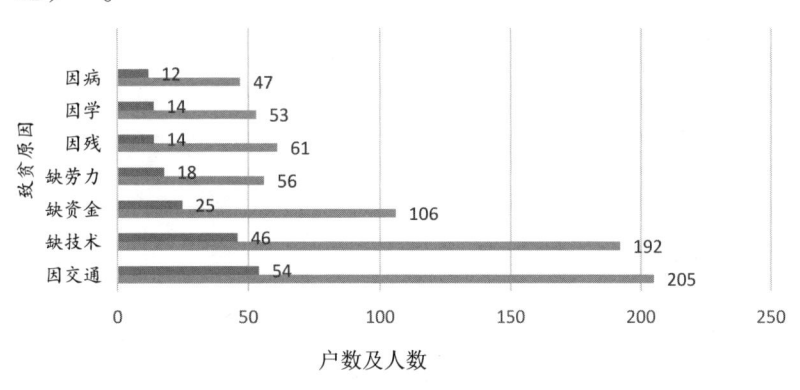

资料来源：《互助县五十镇班彦村扶贫工作总结》。

图 5-5 班彦村致贫原因分布

同时，班彦村贫困户贫困发生率村域差异大，总体呈现出非均衡分布特征。社级贫困发生情况如图 5-6 所示：一社 26 户，二社 19 户，三社 19 户，四社 23 户，五社 16 户，六社 57 户，七社 15 户，八社 8 户。尽管其他社也存在贫困户，但居住在脑山地区的五社、六社的贫困户共有 73 户 293 人，两社贫困发生率高达 56.69%，占全村贫困户的 39.89%，且致贫原因主要集中在交通不便，脱贫难度较大[②]。

基于村情实际和精准识别的各项数据可知，一方面，班彦村属于重点贫困村，主要表现为村、户均未发展增收产业、基础设

---

① 数据来源于《互助县五十镇班彦村扶贫工作总结》，2018 年 9 月 4 日。
② 数据来源于《互助县五十镇班彦村扶贫工作总结》，2018 年 9 月 4 日。

施与公共服务供给不足；另一方面，班彦村发展两极分化，受自然条件制约，川水地区与脑山地区在发展条件和基础设施方面有较大差距，贫困户在村内呈非均衡分布态势，五社、六社不仅贫困户集中、贫困程度深，而且居住地自然条件恶劣，脱贫难度大。尽管以往班彦村尝试过"一体两翼"脱贫模式，但是由于政策制定与执行情境之间的匹配度低而收效甚微。因此，村级整体发展水平低与村内两极分化严重是班彦村脱贫攻坚的两大难题。如何在精准扶贫中，既推进村级产业、基础设施和公共服务整体提升，又有效解决村庄内的两极分化，实现村内的均衡发展，是班彦村精准施策战略的核心。

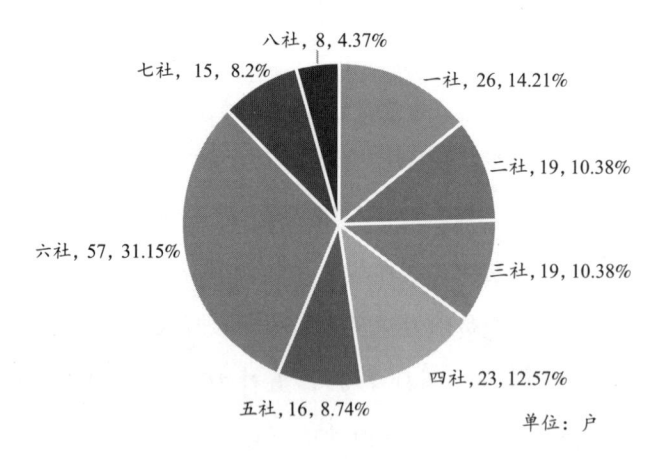

资料来源：《互助县五十镇班彦村扶贫工作总结》。

图 5-6 社级贫困情况

二、村社整合：从政策供给到组织实施

精准扶贫提出以后，班彦村抓住这一政策契机，依托易地扶贫搬迁，将五社和六社的群众从偏远的脑山地区搬迁至适宜生活

和发展的川水地区，实现了村社合并，打造了一个班彦新村。

（一）村级"1+8+10"扶贫政策体系

精准扶贫是一项从中央到村"一竿到底"的政策，其具体政策内容一般采用"逐级发包"的方式完成相应政策目标。精准扶贫政策由中央层面进行"顶层设计"，省市县则根据实际情况进行"地方转译"，做到因地制宜安排各项扶贫政策供给，乡镇一级则需落实县级扶贫任务并向所辖村传达具体要求。村一级作为精准扶贫政策执行的末梢，可发挥的自主性空间较小。根据中央、青海省和海东市的政策要求，互助县结合实际制定县级基本脱贫规划，构建"1+8+10"扶贫政策体系。"1+8+10"扶贫政策体系即以互助县精准脱贫攻坚实施方案为总体指导，通过易地搬迁脱贫一批、发展产业脱贫一批、资产收益脱贫一批、转移就业脱贫一批、医疗保障和救助脱贫一批、教育脱贫一批、低保兜底保障脱贫一批、生态保护与服务脱贫一批，同时要在交通、水利、电力、医疗卫生、通信、文化惠民、金融、科技、电商和市场体系构建、危旧房改造十个领域开展扶贫专项行动，进而打造互助县扶贫事业的总体格局。县级层面为各乡镇制定了精准脱贫年度计划表，各乡镇再根据辖村情况制定村级精准脱贫年度计划。班彦村据五十镇制定的脱贫计划表自主制定和实施2016—2018年村级扶贫工作规划，进而执行精准扶贫政策。

（二）政策执行：组织与制度安排

目前精准扶贫是以党委领导、政府主导的"政治—行政式扶贫"，村一级主要借助扶贫开发领导小组、单位"双帮"机制和第一书记制度来执行具体政策,而严格管理干部、增强干部学习强度和接受常规与跨层级的监督、指导和检查等各项机制和安排则为政策执行提供有力保障。

党中央和国务院将扶贫"作为一项政治任务和中心工作"向地方推进,倡导"五级书记"抓扶贫,同时组建由"书记挂帅"的扶贫开发领导小组。同时,各级政府及行业部门要将精准扶贫摆在各项工作的首要位置,其主要负责人也被纳入扶贫开发领导小组成员体系之中。青海省响应党中央和国务院要求,组建了从省到村五级扶贫开发领导小组。具体到村一级,班彦村成立了以村支书为组长的扶贫开发领导小组,主抓村内各项扶贫工作。此外,将党政单位和行业部门纳入扶贫队伍中,形成"双帮"机制。单位"双帮"作为组织嵌入基层治理的一种方式,通过对村和对户直接帮扶来实现"村出列"与"户销号"的目标,同时包村单位还会向贫困村派驻第一书记以增强农村扶贫领导力。青海省自然资源厅作为班彦村的包村单位,和班彦村建立了结对双帮关系,省自然资源厅单位级别高、影响力大且资金较为充裕,一方面单位向村不断输送外部资源和给予资金支持以促进村的发展,另一方面干部结对帮扶贫困户针对性地解决帮扶对象的脱贫问题。第一书记制度旨在通过向贫困村和基层党组织软弱涣散村注入领导力资源,加强基层组织建设,促进乡村经济社会发展,实现精准脱贫。由包村单位向结对帮扶贫困村派驻一名第一书记,第一书记接过扶贫接力棒后,长期驻扎在村庄内部,成为驻村扶贫"第一责任人"。目前省自然资源厅已向班彦村派驻第一书记3人,而第一书记的能力很大程度上影响着贫困村能够争取多少扶贫资源,一方面表现为第一书记向行业部门争取项目时的影响力,尽管争取行业部门项目的"常规动作"是由村逐级上报并获批准,但第一书记常常会采取"自选动作",即利用第一书记的"关系权威"来获取更多的项目资源。另一方面表现为第一书记吸纳社会扶贫力量的能力,如第一书记利用班彦村的影响力,以班彦村党支部为核心,与知名企业、非公党组织以及有意愿为班彦村发展助力的各行各业的党支部建立结对共建关系,为村发展出谋献力。

为保障班彦村精准扶贫政策的有效执行,班彦村所属镇党委和人民政府首先对村第一书记、扶贫工作队和村干部严格管理,如敦促第一书记带领扶贫工作队在实际工作中坚决贯彻"五个一"工作法和实行日常点名考勤、年度考核汇报制度,以及在对村干部管理中应用"积分制+"管理考核办法,量化管理指标,精准且严格管理村内扶贫干部和一般干部。其次,构建由理论学习、精神学习和实践经验学习所组成的一套完整学习体系,以保障扶贫干部的先进性,提升扶贫干部素质。每月1日,第一书记带领村干部和村内党员进行理论学习。扶贫工作队作为班彦村脱贫攻坚的领头羊,要充分、全面地学习中央和地方的扶贫文件和会议精神;为承接好扶贫项目的落地,扶贫干部还会经常外出学习和借鉴其他地区精准扶贫亮点工程经验,结合班彦实际,因地制宜建设扶贫项目;村干部则通过到乡镇机关跟班学习锻炼,了解乡镇政府事务运作流程。最后,各项巡视、检查和督查"倒逼"扶贫干部执行和落实好精准扶贫政策。具体而言,班彦村既需要接受包括常规巡查和精准扶贫专项巡视检查,如中央常规巡视、海东市精准扶贫专项巡视、互助县"三查三确保"专项行动领导小组精准扶贫专项巡视,还需要接受各级政府的督查,海东市、互助县及五十镇均对班彦村精准扶贫政策执行情况及其存在的问题给予反馈和督促整改。

（三）村社整合：脑山两社下迁至川水

精准扶贫提出以后，扶贫开发小组、单位"双帮"机制和第一书记基于易地扶贫搬迁政策，将脑山地区的五社和六社，从脑山上搬至川水平地，从而实现了村社整合。只有搬出大山、转变思路，在适宜发展的新村开辟一片新天地，脱贫攻坚才具备实现条件。然而，"安居乐业、乡土依恋"是班彦人民极为认同的一种传统文化观念，土地束缚了他们，同时也滋养了他们。"生于斯长于斯死于斯"成为班彦人民与土地及其之上的村落共同体之间生命循环。搬迁不仅需要冲破老一辈人思想的禁锢，还需要考虑搬迁后在新村如何生存的问题。但是，两社年轻人迫切希望通过搬迁来改变贫穷落后的现状：

2014年年初，他们这个村里面有几个年轻人给我们当时的省长郝鹏写信，自己主动写信（要求搬迁）[①]。

郝鹏省长对此高度重视，并对搬迁作出批示，这一事件推动了班彦村五社、六社实施易地扶贫搬迁项目的进程。而后，前期大量的思想动员工作产生了实效，两社群众一致同意搬迁。班彦村易地扶贫搬迁项目共搬迁安置群众129户484人，其中建档立卡贫困户72户277人，非贫困户57户207人。搬迁征用的是班彦村本村平大公路边大旱台131.7亩土地，采用的是集中安置的方式。由于搬迁所征用土地的性质为基本耕地，囿于土地性质建

---

① C20190915互助班彦村驻村干部访谈记录表5。

设用地指标得不到落实，直至 2015 年 9 月仍未动工建设。同年 10 月，精准扶贫政策开始向各村落实，青海省自然资源厅向班彦村派驻第一书记，了解搬迁困境后，及时联系帮扶单位，利用帮扶单位优势先将这块耕地变成农村建设用地，再结合城乡建设"增减挂钩"政策创造性地解决了土地性质的问题。同时，精准扶贫对易地搬迁项目按户均建房 40000 元的标准进行资金补助，有效降低了搬迁群众的经济压力。至此，班彦村搬迁项目正式开始建设。

在项目建设具体过程中，镇、村两级联动，并充分发挥村民的监督作用。五十镇成立了由镇党委书记任组长，镇长及相关负责人为成员的易地扶贫搬迁领导小组。班彦村成立了相应的监督小组，监督小组成员由搬迁群众推选 5 名至 10 名热心村级事务、有组织能力有议事能力的人组成，充分发挥群众的知情权、参与权和决策权，确保易地扶贫搬迁项目有序、有效实施。五十镇领导小组指导班彦村监督小组，并负责易地扶贫搬迁工程方案的规划落实、技术方案的执行、工程质量监督、宣传动员、土地征用、综合协调、技术指导、资金管理等相关事务。新村搬迁项目建设则由住建局负责实施，提供 2—3 种房屋建设户型供搬迁户选择，由群众讨论后确定最终户型和选择施工承建单位，充分尊重群众的意愿。2016 年 8 月 23 日习近平总书记冒雨来到正在建设中的班彦新村，推动班彦村搬迁项目建设进程，同年 10 月搬迁项目竣工，村民陆续开始自主搬迁。随着搬迁顺利进行，村社整合的过程也逐渐完成，五社和六社在川水地区合并成为班彦新村。

总的来看，精准扶贫不但为"村出列"与"户销号"打造了"1+8+10"政策体系，而且构建了"五级书记"抓扶贫的同心圆式政策执行体系和"纵向到底、横向到边"的责任体系。党委在精准扶贫中居于中心领导地位，由内向外分别是各级政府、各级各类行业部门以及外部社会力量。在各级政府联动和各部门协作的基础上形成"一揽子专项扶贫政策"服务于精准扶贫，并通过组建扶贫开发领导小组、达成单位双结帮扶和派驻第一书记落实各项具体政策，而严格管理干部、增强干部学习强度以及受常规与跨层级的监督、指导和检查，为精准扶贫工作的开展提供了保障（如图5-7所示）。班彦村在精准扶贫政策体系、组织及制度架构完成后，集中力量将脑山地区两社迁入川水并进行村社整合，开展新村建设。

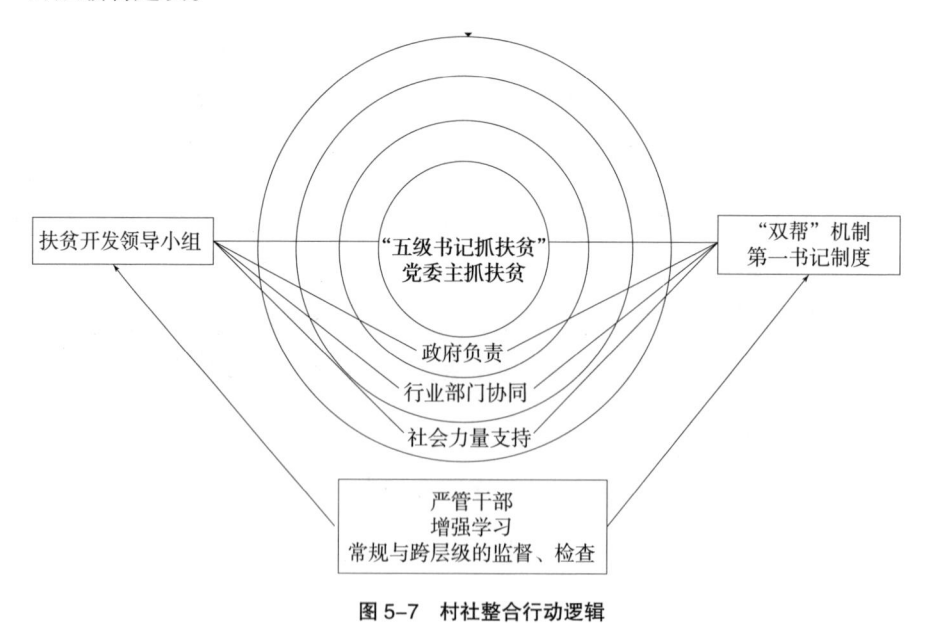

图 5-7 村社整合行动逻辑

三、政策叠加：基于新村的村庄再造

班彦村要摆脱重点贫困村的标签，就必须解决村庄总体发展程度低和村内发展两极化的脱贫难题。精准扶贫提出以后，基于各项扶贫政策，班彦村在新村建设和发展的基础上，叠加实施不同的扶贫举措，实现对村内经济再造、基础设施再造、公共服务体系再造、政治再造及乡村秩序再造，在实践中形成了一种新的扶贫模式——村庄再造。

（一）经济再造：集体与家户并举的产业发展

班彦村在搬迁之后进行了一系列可持续生计建设，产业发展成为首要内容。班彦新村经济的再造从实施村级和到户产业起步。以往旧村的产业是以群众个体化种养殖业为主，没有村级产业，属于传统"靠天吃饭"的小农经济模式。产业扶贫作为当前主流化的扶贫措施之一，主要是一个"将贫困人口纳入市场化、为贫困人口建构参与市场化的基础"的过程。同时，倡导在扶贫的过程中村级经济有所发展，且作为弱势群体的贫困农户被"赋权"和鼓励主动参与。按照习近平总书记"新村建设要同发展生产和促进就业结合起来，把生产搞上去，实现可持续发展"的要求。班彦村五社、六社完成搬迁后，开始以村和户为单位因地制宜发展特色产业。从班彦村产业扶贫运作流程看，主要是由政府主导的产业扶贫，基于产业发展脱贫一批和市场体系构建政策，借助易地搬迁项目积累的政治优势，第一书记同时利用自己的职责权力和"关系权威"向行业部门申请项目，行业部门审批通过后则对班彦村进行考察和规划实施产业项目，通过科研确定可行性后，由行业部门自上而下拨付产业扶贫资金进而实施和建设项目。项目建设完毕后，部门退出并将项目转化为村级集体资产和产业，由村一级负责后续经营事项。

因村制宜构建村级多元产业格局。班彦村坚持对外承包与自主经营并行，再造村级经济结构。旧村本无村级产业，易地扶贫搬迁为村级产业发展提供了良好的条件：五社、六社搬迁后旧村土地全部退耕还林，新村位于平大公路边大旱台，对面有大量村内其他社的耕地，周边交通便利，且班彦新村内剩余闲置的土地可供建设。班彦村根据产业发展具体条件，整合多项产业发展资金和资源，发展规模种养业、弘扬传统手工业、打造特色旅游业，并打造村级集体资产以增加集体经济收益。按照村级产业经营方式可划分为自主经营式和对外承包式两类产业，其中班彦村自主经营的产业包括商铺出租和特色旅游业。一方面，第一书记向省自然资源厅争取资金修建10间商铺以发展和壮大村集体经济，班彦村村委会负责出租给农户进行个体经营；另一方面，通过整合东西部协作资金、高原美丽乡村项目资金，依托班彦村特有的红色旅游资源、休闲旅游资源、独特地质旅游资源，进行班彦特色旅游开发建设。其余村级产业如土族盘绣园基地、肉驴养殖基地、连栋温室大棚、酩馏酒坊等，运营逻辑是班彦村对外承包并收取承包费用，再由公司和能人大户承包经营，同时吸纳贫困户就业以带动贫困户发展。

因户制宜推动户级增收产业多样化。班彦村驻村工作队和村两委班子通过精准识别贫困对象，走访调查贫困户发展意愿，在充分尊重贫困户发展意愿的基础上，结合班彦村搬迁后的实际发展条件，为每户贫困户制定了户级产业发展规划和"一户一增收"项目计划。户级发展规划中既有符合传统农业生产生活逻辑的种养业，还有符合现代生活逻辑的资产投资和农家乐。一方面，传统种养业以种植蚕豆和养殖八眉猪为主，班彦村种养这两类产品

具有"比较优势",一是由于具有丰富的种养经验,二是当地种养条件能够实现高质产出。班彦村驻村干部认为:

> 虽然是集中,但是分散养殖,农户自己养,而且他们养的都是我们互助县具有特色的八眉猪,品质好[①]。

同时,帮扶单位省自然资源厅投入专项资金按照高标准整治班彦农田,为种植优质蚕豆奠定基础。另一方面,新村村民出租房屋屋顶发展光伏产业每户每年可获得资产收益,班彦村光照资源丰富,新村统一规划的房屋为发展光伏产业提供了便利,新村与青海振发新能源开发有限公司合作实施2.0MWP屋顶分布式扶贫发电项目。最初农户以辐射为由拒绝光伏项目:

> 农村和我们想的根本就不一样,有些东西,就比如光伏,放几块板子,你啥也不影响还给你分红。但是他们就不愿意。他觉得辐射、房子晒不到太阳啥的[②]。

而后,驻村工作队和村干部通过科学知识普及的方式让农户了解到光伏发电并无危害,光伏产业扶贫项目才得以顺利实施。除选择发展传统的种养殖业外,农户还对发展第三产业进行了有益尝试。班彦新村拥有丰富的旅游资源且来往人流量大,目前村内有经营能力的农户选择发展农家乐已有5户,其中新村4户,旧村1户,目前5户农家乐已全部投入运营,每户可争取到县文化体育和旅游局补贴5万元。同时,班彦村村两委班子和扶贫驻村工作队积极协调有关部门组织烹饪培训,进一步提升班彦村农家乐品质。

---

① X20190912互助五十镇访谈记录表1。
② C20190915互助班彦村第一书记访谈记录表3。

（二）基础设施再造：新村基础设施现代化及其辐射

班彦村基础设施建设包括新村和旧村两部分，通过对新村内基础设施进行现代化配置，并逐渐辐射到旧村，完成了村内基础设施的再造。不同于其他贫困村基础设施完善的进程，新村作为一个易地搬迁村，搬迁规划中即涵盖基础设施配套项目，因此各行业对口部门直接在班彦新村修建过程中实施水、电、路、气、文化广场各个项目，其政策执行逻辑是由县级各行业部门向市级对应行业部门申报资金，资金不足的可向扶贫局申报易地扶贫搬迁专项资金配套一部分。旧村基础设施的配套建设通常要搭新村的"便车"，即利用新村优势逐渐辐射至旧村。各行业部门在实施特定项目前要进行科研、方案设计并选择承建或施工单位，在项目建设过程中需接受班彦村驻村工作队、村两委班子及村民的监督。在班彦村基础设施配套中，水利局负责实施自来水入户、排水管网和污水处理项目；电力局在新村主要采用电网延伸等方式，按户均配度容量不小于 5kW 的标准实施标准化配电项目，旧村相应则进行配电增容改造项目；交通局在班彦新村实际按照主巷道宽 7 米、支路宽 5 米的标准，计划实施通户柏油路铺设项目；住建局下属单位燃气办负责协调金地燃气公司在新村和旧村实施天然气入户项目；县文化、体育和旅游局则按统一标准为班彦新村和旧村修建两座文化广场，逐渐使村内基础设施现代化。

此外，第一书记利用"协支部共建促乡村振兴"吸纳社会力量参与扶贫，为新村配备并向旧村辐射部分现代化基础设施。第一书记促成班彦村党支部和国家电网海东公司党支部共建关系，由国家电网海东公司直接捐赠 60 万元为新村建成先进的电子阅览室，利用电能替代示范项目，为全村所有家庭按照每户 3000

元的标准安装电炕。

（三）公共服务体系再造：全村覆盖

基于精准扶贫中发展教育脱贫一批、医疗救助脱贫一批、社会保障兜底脱贫一批、转移就业脱贫一批和金融专项扶贫方案五项政策，推进教育扶贫、健康扶贫、社会保障兜底扶贫、就业扶贫和金融扶贫，对班彦村公共服务体系进行再造并实现全村覆盖。在教育扶贫中实行"六长责任制"[①]，将"控辍保学"作为重要职责，坚持普通教育和职业教育并重，同时构建了一套从幼儿园到大学完整的资助体系，防止因学致贫情况出现。对于义务教育阶段学生全部实行"两免一补"政策，非义务教育阶段的高中部分学生可进入普通高中就读，其余学生可选择进入职业技术高中就读。同时，班彦村落实贫困大学生"雨露计划"政策，建档立卡贫困户本科生、大专生、预科生每生补助10000元，中、高等职校生每生补助5000元[②]。由于土族信仰藏传佛教，班彦村前任村支书提及会有适龄教育儿童到寺庙修行而辍学的情况。

（班彦村）一个贫困户学生小学毕业以后，他佑宁寺去当阿喀了。（做思想工作）我们也做了，县上镇上做了，然后县上的话他们好像是民宗局，他们给寺上下文件了[③]。

一个是我们劝孩子去上学，另一个是如果发现寺庙接收了义务教育阶段孩子的话，会取消入寺师父的教职员资格[④]。

---

① "六长责任制"中的"六长"指县长、教育局局长、镇长、村长、校长和家长。
② 数据来源于《中共互助县委互助县人民政府关于印发〈互助县精准脱贫攻坚实施方案（2016—2020年）〉的通知》，2016年6月7日。
③ C20190915互助班彦村村干部访谈记录表2。
④ X20190910互助民宗局访谈记录表。

在健康扶贫方面，班彦村按照"一保险＋一政策＋一模式"实现贫困户看病前、看病时、看病后全方位政策保障，同时坚持预防疾病和救治大病相结合。在具体的政策执行中，班彦村扶贫工作队和村干部首先是动员村所有群众缴纳城乡居民医疗保险，其次在贫困户看病就医时协助落实"一免六减四优先十覆盖"政策，最后扶贫工作队在充分调查因病致贫建档立卡贫困户病情的基础上，根据其面临的主要健康问题制定健康教育处方，落实"1234+慢性病"健康扶贫模式①，防止因病致贫、返贫，同时保障对贫困户医疗救助脱贫一批。

社会保障兜底方面，基于社会保障兜底脱贫一批政策规划，实现低保制度和扶贫政策有效衔接，坚持应扶尽扶、应保尽保、分档定级的原则，使"五保户""低保户"老有所依、老有所养。目前为止班彦村共有低保户9户28人，一档1户2人，二档8户26人，建档立卡贫困户低保户8户21人。分档的标准是按照家中有无劳动力，其中一档家中无劳动力，每人每年补助3600元，二档家中有部分劳动力，每人每年补助3000元，三档每人每年补助1800元。低保资金由省、市补助80%，县级配套20%，每半年发放一次，并实行社会化发放。从2015年年底起，逐年提高农户低保标准，实现农村低保标准与扶贫标准的"两线合一"，到2018年，农村低保标准达到3762元以上②。

技能培训与转移就业方面，班彦村将劳务输出作为贫困户实现脱贫的重要途径，坚持培训一批，就业一批。扶贫工作队在全

---

① 数据来源于《中共互助县委互助县人民政府关于印发〈互助县精准脱贫攻坚实施方案（2016-2020年）〉的通知》，2016年6月7日。
② 数据来源于《中共互助县委互助县人民政府关于印发〈互助县精准脱贫攻坚实施方案（2016-2020年）〉的通知》，2016年6月7日。

面调查有劳动力的建档立卡贫困户劳动技能培训需求以后，再通过乡镇上报给县就业局，就业局负责实施具体培训项目，包括邀请老师、发授培训职业证照等。同时，利用"雨露计划"短期技能培训补助，为建档立卡贫困户争取2000元/人的培训补助①。目前，班彦村已经举办了烹饪、挖掘机操作、电焊等各类技能培训班。通过劳动技能培训，建档立卡贫困户劳动力通过培训结业考试后能拿到相应的职业证照，可以在西宁市、平安县应聘相应岗位，在实现劳动力转移就业的基础上增加收入。除长期外出务工外，班彦村内还出现了几位劳务经纪人，由劳务经纪人在村内发布职位信息，并负责接送有工作意愿的农户，按比例从中获取收益。

搬下来以后，村里面务工、打工就很方便。飞机场种树之类的，还有别的村里面临时用工。早上8点钟那个车就来拉，晚上7点钟送回来，一天一结算。②

金融扶贫方面，根据金融扶贫专项行动的规定，以扶贫开发小额贷款和扶贫开发项目贷款为金融支持主要方式。据此，班彦村扶贫工作队与村两委组织通过班彦村金融扶贫大会，成立金融扶贫工作领导小组。村内建档立卡贫困户可借助互助资金和"530"贷款为产业发展提供资金支持。班彦村互助资金60万元，由专门成立的扶贫互助协会（以下简称互助协会）管理，互助协会由班彦村村民自愿申请加入，非贫困户需要缴纳会费300元，贫困户则不需要缴纳会费，且互助资金优先发放给具备发展能力的建档立卡贫困户。班彦村互助协会规定，会员申请使用互

---

① 数据来源于《互助县扶贫开发工作资料汇编》。
② C20190915 互助班彦村村干部访谈记录表2。

助资金时，需要三户联保，当会员无法还清互助资金时，由其他联保两户共同偿还，且互助资金贷款单笔不能超过一万元，每年每一万元收取 300 元的占用费。"530"贷款，即每户贫困户最高可贷 5 万元，三年内收取零利息[①]。该项贷款资金规定贷款仅用于支持有意愿贷款的建档立卡贫困户发展产业以增加收入，不能用于盖房子、娶媳妇、还债、吃喝等与脱贫无关的支出，否则银行不予贴息。

（四）政治再造：重塑村庄政治中心及治理能力

通过将村支部办公室和村委办公室从旧村挪至新村、加强班子建设和改善党群关系，重塑班彦村的政治中心和治理能力。新村将原来旧村村支部办公室和村委办公室合并为村级办公服务中心，并在新村进行规划和建设，从而实现了村庄政治中心的转移和重塑。同时，班彦村第一书记积极争取帮扶单位支持，推进村级阵地建设，由省自然资源厅出资建设村级办公服务中心二楼，同时为班彦村驻村工作队和村两委班子日常工作运转配备了办公桌椅、电脑、打印机、LED 电子屏幕等办公设备，如表 5-1 所示。

表 5-1 帮扶单位资金支持情况表

单位	用途	价值（万元）
青海省自然资源厅	村级办公服务中心二楼整体建设及新村 10 间商铺建设	70
青海省土地整理统征中心	购置 4 台电脑、1 台打印机、1 台复印机、办公桌椅一批等	3
青海省矿业权交易中心	购置 LED 屏幕三块及办公桌椅一批	8.5

资料来源于《2018 年省自然资源厅扶贫考核情况汇报材料》。

---

① 数据来源于 C20190915 互助班彦村访谈记录表 1。

第一书记作为加强农村基层组织建设的指导者，必须要建强基层组织，抓班子建设，打造一支带不走的扶贫工作队，重塑基层治理能力。作为一个系统整体的乡村，其功能性的持续退化、恶化，主要原因不是要素性问题，而是结构性问题。正是组织要素的瓦解、匮乏，才导致了乡村内卷化、贫困化和空心化。面对薄弱涣散的基层组织空心化，班彦村第一书记以党建为抓手，加强以党支部为核心的村委会、纠纷协调委员会、妇委会等组织建设，通过强化干部培训，规范工作制度，落实具体责任，加强廉政教育，完善村级服务功能，宣传好党的路线、方针、政策，强化村两委的凝聚力、创造力和执行力。总之，第一书记通过"传帮带"引领农村基层组织建设，同时还负责敦促和监督班彦村村两委班子换届选举工作：

第一书记需要推进两委班子建设，另外给他们工作一些指导。村支书要征求第一书记的意见，但是村主任因为是村民大会选出来的，你对他的工作要指导①。

另外，针对村两委班子和党员年龄结构偏大的问题，扶贫工作队积极发掘村内年轻人才，将其纳入后备干部培养序列，在新一轮换届选举中可优先推荐。后备干部按照"十选十不选"的标准和"双推双选"的程序，首先通过"群众推、党员推"推荐优秀村民，然后从优秀村民中培养选拔入党积极分子和村级后备干部。

通过改善党群关系，不断巩固党在农村的执政地位。第一书记作为党和贫困人民的联系者，不断完善党的基层组织体系和生

---

① C20190915 互助班彦村第一书记访谈记录表3。

活制度，每月1日为固定党日，由班彦村第一书记为全村干部、党员及群众讲党课，将党的知识和政策信息用通俗易懂的语言传递给他们。同时，第一书记注重加强对党员和群众的感恩教育，结合综合展馆、"感恩林"、文化长廊等项目，开展感恩教育活动，并将每年8月23日作为"感恩节"，因为这一天正是习总书记来到班彦村考察的日子。另外，班彦村打造了"习总书记扶贫开发战略思想"教育基地，对村级主巷道和支巷道进行了习总书记语录和党的十九大精神氛围打造，重塑党组织在农村的形象，夯实基层组织堡垒（如图5-8所示）。

图5-8 班彦村爱党宣传标语

（五）乡村秩序再造：乡风文明建设

精神扶贫和文化扶贫是精准扶贫的应有之义，不仅要扶起贫困户的志气，还要扶出先进的文化，再造乡村秩序。扶贫不是单纯的物质投入，更重要的是思想观念和精神状态的改变，只有精神扶贫才能彻底铲除贫困的根源。原有的基层组织自身水平有限且对精神扶贫认识不到位，第一书记进驻以后，班彦村贫困户扶志工作力度加大。通过评选先进、激励后进的方式，教育和引导贫困群众靠自己的双手光荣脱贫、勤劳致富①。班彦村多次召开贫困户座谈会、村民代表大会、脱贫户经验交流会等多种形式会议，在对比中让贫困户看到自身不足。通过评选先进、奖励致富能手，通过农民讲习所致富带头人宣传等方法增强贫困群众自我发展信心和动力。通过制定修缮村规民约作为规范和约束村民行为标尺，增强村民的自治意识，改变其思想认识，并且进一步完善村级管理制度，规范管理，形成长效机制。班彦村还开展了"文明庭院"评选活动，通过在农户门口悬挂"文明庭院"流动红旗，对遵纪守法、庭院卫生、邻里关系等各方面做得较好的农户进行表彰。文化作为一种精神力量，在乡村文化重构中必须要牢牢把握社会主义先进文化的前进方向，班彦村现实文化情境中传统文化、地域文化、民族文化和互联网文化现象多元，交错更迭，但越是多元越要确立主导、越是多样越要发扬主流。班彦村大力推进移风易俗和"六学六育"活动，第一书记带领群众学习党的路线、方针和政策，同时在村内倡导尊老爱幼等传统美德，破除陈规陋习，并成立红白理事会、文娱委员会、道德评议会、禁赌禁毒会，在婚丧嫁娶礼金方面、村内孝亲敬老道德方面以及禁赌毒方面具体开展工作，推动形成文明的社会风尚和先进的乡村文化。

总之，班彦新村依托易地搬迁政策完成村社整合后，进一步叠加实施各项扶贫政策，即通过各部门联动，整合各类扶贫资金，集中各种项目资源，并以新村为中心进行经济再造、基础设施再

---

① 《中共互助县委 互助县人民政府关于印发〈互助县开展"六学六育"主题活动助推脱贫攻坚工作实施方案〉的通知》，2018年12月13日。"六学六育"即指学党的理论，育信念坚定的明白人；学核心价值，育时代精神的践行人；学惠民政策，育美好生活的感恩人；学脱贫典型，育圆梦小康的带头人；学文明新风，育移风易俗的垂范人；学传统文化，育中华道德的传播人。

造、公共服务体系再造、政治再造和乡村秩序再造。经济再造主要发展村级和到户产业，依托改变了以往传统小农经济的发展模式；基础设施的再造，即为村庄配备现代化基础设施并逐渐辐射至旧村；公共服务体系再造，即通过加大教育扶贫、健康扶贫和社会保障兜底力度，开展技能培训以转移就业和金融支持重新构造全村覆盖的公共服务体系；政治再造，主要是重塑村庄政治中心和提升基层治理能力；乡村秩序的再造则以乡风文明建设为起点，弘扬先进文化（如图5-9所示）。基于此，班彦村实现了基于新村的村庄再造。

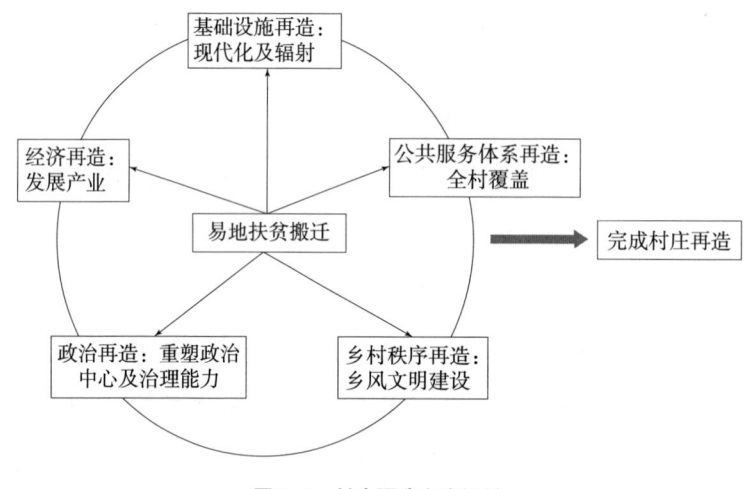

图 5-9 村庄再造实践机制

四、中国美丽休闲乡村：村庄再造式扶贫成就

班彦村基于村庄再造实践，取得了显著的脱贫成效。这个土族村落不但实现了村与户的同步脱贫，而且利用精准扶贫政策对班彦村发展产生的外溢效应，为实现乡村振兴奠定坚实基础。同

时，班彦村于 2019 年荣获"中国美丽休闲乡村"称号。"中国美丽休闲乡村"评选不仅对申请行政村的旅游资源质量和种类有着严格要求，同时对于当地的服务设施、乡风民俗和知名度也有较高标准。班彦村能够入选中国美丽休闲乡村行列，再次充分印证了村庄再造式扶贫的伟大成就。

（一）脱贫攻坚成就："村出列"与"户销号"

班彦村通过村庄再造，实现了产业结构多元化、基础实施现代化、公共服务体系完备化，最终完成"村出列"与"户销号"的脱贫目标。总体来看，按照村、户脱贫的具体标准，2017 年班彦村贫困户人均可支配收入达到 5581 元，村级贫困发生率降至 0.8%，有集体经济，有通村硬化公路，有安全饮用水，有生产生活用电，有标准化村卫生室和村级综合办公服务中心，并实施了高原美丽乡村建设项目，符合贫困村退出序列标准。按照贫困户脱贫标准符合脱贫条件的贫困户达 181 户，剩余 2 户因身体残疾无法从事产业脱贫，已经纳入低保户保障范畴[①]。

1. 产业结构多元化

通过村内经济的再造，班彦村实现了村级产业多元化和户级增收产业多样化的结构和格局。班彦村根据自身的发展条件、资源禀赋和政治优势，通过整合精准扶贫产业发展的各项政策和积极争取各类产业项目，经历了从无到有、从弱到强的发展过程。目前村级产业类型多样，不仅涉及传统种养殖业，如肉驴养殖和温室大棚项目，还发展像盘绣、酿酩馏酒此类传统手工业，同时

---

① 数据来源于"班彦村贫困村退出申请"，2017 年。

旅游业、商铺经营等第三产业也开始在班彦土地上落地生根，所有产业已全部投入运营，据估算每年可为班彦村增收十余万元。村级产业的发展带动了贫困户的发展，全村共有4个合作社，7名能人大户，通过发展种养殖业，每年为群众发放工资约12.6万元。此外，农户还通过发展各类到户产出，拓宽增收渠道。多元产业的发展形成贫困村和贫困户脱贫的"造血器官"，再造村庄的经济结构，使其具备"造血能力"，逐步提升"造血功能"。

表5-2 村级产业发展格局

产业名称	经营方式	增收情况（元/年）	资金来源及投入	时间
商铺经营	自主经营：由村出租给农户	3000/间，共计30000	省自然资源厅出资70万元（包括村级办公服务中心二楼整体建设资金）	2016年实施
土族盘绣园基地	对外承包："公司+基地+绣娘"	30000	县文体旅游局出资240万元	2017年实施
肉驴养殖基地	对外承包："合作社+致富带头人+农户"	第一年10000	国土资源厅出资40万元、东西部协作出资200万元	2018年实施
连栋温室大棚	对外承包："合作社+承包者+农户"	5000/座，共计25000	县蔬菜办出资100万元	2018年实施
酩馏酒酿造作坊	对外承包："承包者+基地+农户"	50000	市农牧局出资300万元	2018年实施
特色旅游业	自主经营：由村向上争取项目和经营	正在建设，无门票收益	东西部协作出资50万元，并结合高原美丽乡村项目资金	2018年实施

资料来源于访谈资料与班彦村第一书记2015—2018历年年度工作总结。

2. 基础设施现代化

通过基础设施再造，班彦村现已按照现代化的标准为村民配套了生产生活基础设施。目前村内已经实现了自来水全覆盖，由水利局投资 178 万元，完成新村自来水入户工程，旧村于 2010 年已经解决自来水入户问题，从根本上解决了班彦村群众生产生活的用水问题。电力保障方面，新村投资 140 万元实施标准化配电项目，实现生产生活用电全覆盖，旧村全面完成配电增容改造项目。通过道路硬化建设，保障群众出行便利，新村按照主巷道宽 7 米、宅间支路宽 5 米的标准，实施了通户柏油路铺设项目，而班彦旧村道路全部实现通户水泥硬化路[①]。即使是在班彦村五社、六社搬迁之前居住的沙沟山地区，也实现了道路的全面硬化。统一使用现代化的清洁能源，新村农户全部接通了天然气，安装了壁挂炉，而旧村天然气入户工程 2019 年已投入使用。村民可利用新村电子化阅览室阅读书籍、在网上学习农业技术、了解前沿资讯等，同时全村村民均使用现代化电炕设备取暖，极大地改善了村民的生活品质。

3. 公共服务体系完备化

班彦村构建了完备的公共服务体系，不仅保障群众搬下来能生存，还进一步保障群众生活得"有质量"。班彦村坚决落实各项教育扶贫政策，全村无一人因贫辍学，幼儿园升小学、小学升初中的入学率、升学率均为 100%，全村 2018 年初中升入高中阶段的升学率是 35.3%，其余学生均到职业中学继续上学。根据健康扶贫政策要求，班彦村全村建档立卡贫困户与家庭医生进行签

---

① 数据来源于"五十镇班彦村易地扶贫搬迁项目简介"。

约服务，并于 2019 年实现新农合参保率 100%，在看病就医时全面落实"一免六减四优先十覆盖"政策，降低了班彦村困难群众外出就医的难度和经济压力。灵活运用社保兜底政策，将无劳动能力的五保户、低保户全部纳入政策保障范畴，累计通过民政低保、五保帮助 42 人，兑现资金 20.58 万元。易地扶贫搬迁以后，班彦村群众出行方便，务工渠道增多、务工意愿增强，培训需求也相应有所上升。班彦村 2018 年举办各类培训班 17 期 400 人次，其中贫困户 366 人次。举办烹饪、挖掘机操作等技能培训以后，外出务工人员明显增多。2019 年举办例如电焊、挖掘机操作、烹饪、盘绣等实用技能培训班，预计开展 20 期，培训劳动力 356 人次，通过技能培训外出务工 182 人，378 人在外务工，实现劳务总收入 360 余万元。利用"530"扶贫贷款和互助资金政策，解决贫困群众创业的资金瓶颈问题，助力群众实现自我发展。班彦村互助资金总量为 60 万元，收取非贫困户缴纳的会费 1 万元，共 61 万元。截至 2019 年 8 月 25 日共有 62 户贫困户借出"530"贷款共计 260 万元。互助资金共贷出 61 万元，其中贫困户 60 户共计借出 50.5 万元，非贫困户 25 户共计借出 10.5 万元[①]。

（二）扶贫外溢效应：助力乡村振兴

精准扶贫政策不仅使班彦村实现脱贫攻坚，还对班彦村的发展产生外溢效应，有效助力了乡村振兴。班彦村在 2017 年年底脱贫后，以巩固提升脱贫攻坚成果为主线，目前正朝着"产业兴旺、生态宜居、乡风文明、治理有效、生活富裕"现代化新农村迈进。

---

① 数据来源于《班彦村 2018—2020 年全面巩固提升脱贫方案》，2018 年 10 月 28 日。

1. 提升基层治理能力

精准扶贫的第一书记制度,改变了以往村两委"一言堂"的村庄治理模式,提升了基层治理能力。农村发展、摆脱贫困,关键在于有一个强有力的领导班子,第一书记通过各项制度建强班彦村村两委班子,加强对村两委的培养和教育,提升村两委管理村内事务的能力,挖掘村内后备人才,保证村两委在2020年扶贫工作队撤队以后也能搞好班彦村的各项事业。同时,完善了村内各项制度,如村两委工作机制、村民"一事一议""党务公开"和"村务公开"等制度,进而规范了村两委工作作风。第一书记充分利用民主决策开展工作,培育村民自治精神,通过制定村规民约,调动村民参与村内公共事务的积极性,提升村民规则意识和治理理性。

2. 增强内生发展动力

第一书记通过改善党群关系、加强扶志教育和开展移风易俗活动,增强了班彦村的内生发展动力。第一书记在每月1日的固定党日活动及日常政策宣讲活动中,让班彦村党员和普通群众真正认识到了党是心系人民的党,党是为人民服务的党,进而自觉落实党倡导的各项政策。班彦村前任驻村干部就指出:

> 他们(班彦村贫困户)享受到实惠,就说共产党好,习主席好[①]。

而且,群众还在班彦新村后山自发栽植"感恩林",以此来表达对总书记的敬仰和爱戴之情,也说明群众对党和精准扶贫政

---

① C20190915 互助班彦村驻村干部访谈记录表5。

策的认同。同时，通过评选先进和激励后进，激发了贫困户内生动力，贫困户的思想认识从"要我脱贫"转变为"我要脱贫"。同时"文明庭院"评选活动，激励了群众共同营造一个整洁、美丽的人居环境（如图5-10所示）。此外，移风易俗活动破除了班彦村传统的陈规陋习，目前村内婚丧嫁娶事宜遵从节俭办事、文明理事的原则，推动了乡风文明建设。

图5-10 班彦新村巷道一景

基于脱贫攻坚的伟大实践，班彦村已从一个贫困落后的无名村落摇身一变为如今的中国美丽休闲乡村。通过村庄再造式扶贫，班彦村完成了脱贫攻坚的任务，实现了"村出列"与"户销号"的伟大目标，构建了村内产业多样化的发展格局、实现基础设施现代化并再造了一个全面覆盖的公共服务体系。同时，通过基层治理能力的提升和内生发展动力的增强，为下一步实现乡村振兴提供了基础和前提。

五、结论与讨论

班彦村原来是一个重点贫困村,村庄总体发展程度低,同时还面临着村内发展两极分化的问题。自2015年精准扶贫提出以来,班彦村基于村庄再造式扶贫,通过整合省、市、县各类资金1亿元,由包村单位省自然资源厅向班彦村派驻第一书记3人及扶贫工作队员6人,其下属9家单位241名党员干部与班彦村的183户贫困户共计720人结对认亲,村内扶贫工作涉及全县扶贫局、农业、农林与科技局、住建局、交通局、水利局等多个部门。在多方共同努力下,班彦村于2017年退出贫困村序列,全年人均可支配收入提升至5581元,实现了村内产业发展多元化,基础设施现代化、公共服务体系完备化、提升了基层治理能力并且推动了乡风文明建设[①]。尽管班彦村新村实现了村庄再造,完成了脱贫任务,但是目前这种扶贫模式却引发了新的发展差异问题,即新村的发展优于旧村,但班彦村的脱贫攻坚实践总体上促进了村庄的发展,取得了丰硕的脱贫攻坚成果。

班彦村作为一个精准脱贫的样板村,生动演绎了村庄再造式扶贫在中国脱贫攻坚中的伟大实践。班彦村的村庄再造,指的是将生产生活条件艰苦的社或自然村在原有行政村村域范围内,进行搬迁和集中安置并形成新村,再以新村为中心和基点,通过叠加各项扶贫政策、集中各类资源进行开发建设并逐渐辐射至旧村进而完成整村脱贫目标的过程。剖析班彦村脱贫攻坚的全过程,一个两极化贫困村之所以能够取得如此显著的脱贫成就,主要依托精准施策以及将村庄再造作为扶贫战略,集中了各种政治资源

---

① 数据来源于《青海省互助县班彦村脱贫攻坚总结》,2018年9月4日。

和项目资源助力脱贫攻坚。

村庄再造式扶贫的优点在于，它能够解决村内发展两极化的问题，通过将生存条件恶劣的社进行搬迁，使其拥有更好的生产生活条件，为进一步发展和实现脱贫提供了可能。同时，新村的形成为整个村的发展和建设提供了新的空间，克服了原有村庄空间格局的限制，而新村发展空间广阔，不论是产业的发展还是基础设施的配置，都能在新村产生集聚和规模效应，提升扶贫的效率。最后，村庄再造使扶贫站在了新的起点上，克服原来村庄发展的路径依赖问题，精准扶贫对村庄发展重新规划和设计，有利于村庄实现整体的优化升级。

要实现村庄再造，首先，有赖于精准扶贫强有力的组织及制度安排，只有通过组建扶贫开发领导小组、落实单位"双帮"机制和第一书记制度，以及将各项学习、监督和检查机制作为政策工具，才能将各项复杂扶贫政策落实到村、脱贫到户，村庄再造才有可能；其次，受村庄自然条件的限制，村庄再造需要村域内拥有充裕的土地作为移民搬迁集中安置的地点，进而为产业发展、基础设施配备等提供空间；再次，村庄再造需要大量政治资源和项目资源的集中投入，以新村为发展核心并且带动旧村，逐渐改善村内两极化发展格局；最后，村庄再造需要实现新村产业的科学发展，这既是新村得以延续和发展的基础，也是新村带动旧村的重要途径和发展村集体经济的关键。

当然，村庄再造作为脱贫攻坚的一种模式，不仅模式本身需要多样化的条件，而且，以这种模式振兴乡村、实现乡村的全面发展本身也面临着很多挑战。如班彦村所呈现的那样，如何保持新村产业的持续发展和增加就业机会以解决无地村民收入和就业问题,如何通过新村现代化的基础设施和公共服务带动全村的提档升级,如何防止有限的资源过度投资到新村而导致新的村内两极分化,等等。有效应对这些问题,既是实现扶贫攻坚成果的巩固提升的基础,又是未来乡村振兴的关键。

(本案例执笔人:吴淼　刘倩)

案例点评

作为一个两极化贫困村，班彦村内部发展不均衡，贫困户主要集中在脑山地区，且由于生存环境恶劣，脱贫难度较大。但走进如今的班彦村，映入眼帘的是宽敞的巷道绿树成荫，一排排新居错落有致，村民生活安居乐业，展现出一幅"新农村、新产业、新发展"的美丽画卷。这个传统的土族村落之所以能够实现现代化蜕变，缘于国家精准扶贫政策的实施，更倾注了习近平总书记的亲切关怀。2016年8月23日，习近平主席在视察班彦新村时强调，移民搬迁是脱贫攻坚的一种有效方式，不仅要让群众搬得出，更要稳得住、能致富！①

于是，班彦村创造性地利用易地扶贫搬迁政策重构村内发展空间，通过重新整合村内发展空间、广泛动员政策资源与纳入多部门参与协作，促使村庄实现整体提升和均衡发展，形成符合两极化贫困村发展的村庄再造模式。采用这种脱贫模式后，班彦村不仅有效完成了村庄总体脱贫与均衡发展的目标，还荣膺"省级乡村振兴示范村""中国少数民族特色村寨"等称号，发展成效显著。在实施乡村振兴战略的路上，班彦村正朝着集民俗接待、旅游观光于一体的新型旅游村的方向阔步前进！

（点评人：吴森，华中科技大学公共管理学院教授）

---

① 岳小乔：《一见·习近平两赴青海看村落，有一个共同的关键词》，2016年8月23日，http://news.youth.cn/sz/202106/t20210609_13009644.htm。

第六章

巴音村：
产村融合发展

青海省乌兰县茶卡镇巴音村按照各级党委政府的要求，以"新村新产业、生态旅游业"为主导，"多产业融合发展"为特色，积极打造生态旅游扶贫示范村，在脱贫攻坚过程中培育产业新业态，走出了一条"前期脱贫可持续、后期巩固有抓手、农民致富基础牢"的新路子，探索出一种"产村融合发展"的脱贫攻坚新模式。巴音村脱贫成果是青海省脱贫攻坚工作的一个缩影，为了反映青海省、海西州和乌兰县的脱贫成果，项目组以青海省海西州乌兰县巴音村作为个案，通过实地走访、座谈和专题调研等方式，总结出该村脱贫、致富与发展的实践经验。

一、村庄发展之困：巴音村的条件限制与扶贫历程

　　巴音村隶属于柴达木盆地东部边缘的海西蒙古族藏族自治州乌兰县茶卡镇，位于乌兰县县境东端，距县府驻地74千米，相邻乌兰哈达村、巴里河滩村，村里现有35户114人，村党支部现有党员21名，少数民族党员3名，是一个汉族为主，蒙古族、藏族聚集的农业型重点贫困村。巴音村有耕地面积1294.77亩，

退耕还林面积724.3亩。在脱贫攻坚的道路上，巴音村尽管具有特色旅游资源的有利条件，却面临着"生态承载力低、公共产品供给水平低以及贫困户发展能力和意愿低"的现实制约，经历了长达20多年的脱贫历程。

（一）村庄发展的内生条件限制

第一，位于青藏高原，生态条件恶劣，环境承载能力低。巴音村属于典型干旱大陆性气候，特点为"春秋相连，没有夏天"，年平均气温4℃、1月平均气温–12.2℃、7月平均气温19.6℃；年均降水量210.4毫米、年蒸发量2000毫米、年平均相对湿度45%—50%；地区气候干燥，常刮西北风，大风日年约101天，最多186天，平均风速3.1米/秒，年8级以上大风天数可达35—40天。行政村隶属的乌兰县茶卡镇，区域内雪山、草原、湖泊、湿地遍布，草场包括荒漠类草场、草甸类草场和沼泽类草场，植被多矮小，一般都在10—50厘米之间，植被群落构成一般不超过10种。生态环境承载能力低限制了巴音村农牧业发展，当地草场和耕地普遍面临着缺水、冬寒等自然条件约束，村民经济来源主要靠养殖茶卡羊、种植小麦和青稞等农作物。

第二，公共产品供给水平低，经济发展程度不高。受制于气候条件差和生态环境脆弱，巴音村农牧业生产发展较为困难，乡村经济发展基础弱，产业结构单一，陷入资源破坏、环境退化、贫困加深的恶性循环中。巴音村为自然灾害多发地区,干旱、冰雹、雨雪冰冻等灾害突出，适宜产业选择培育难，农业生产基础性条件较差，抵御灾害和市场风险的能力较弱，农民融入市场能力差，产业经营风险高。加之农牧业产业化、集约化、规模化程度不高，阻碍了农牧业经济持续快速发展，对巴音村旅游业向其他产业融合发展也产生了不利影响。生态环境脆弱，生态保护任务重，还在一定程度上制约了民生项目建设，道路、交通等公共产品供给不足，统筹推进生态保护与民生改善面临不少困难和挑战。

第三，地处西部内陆，人力资本不足，发展经济的能力低。巴音村教育发展水平相对低下，贫困人口受教育年限偏低，文化素质相对较低，劳动技能缺乏，思想观念较为保守，生产经营理念较为落后，增收技能较差，存在"等靠要"的消极思想，缺乏脱贫致富的内生动力，人力资本严重不足，主要表现在：一是贫困劳动力人口受教育程度低。文盲、半文盲人口多，汉语普及率和使用率不高。二是贫困劳动力人口劳动技能缺乏。大多数农牧民长期在有限的土地上劳作，贫困人口外出务工只能从事一些报酬较低的体力劳动，劳动报酬少。三是贫困人口思想观念相对落后。贫困户在乡村产业调整和拓宽增收致富门路过程中，面临着诸多束缚，民主、法治、科技、市场、竞争等现代意识不足，存在"等靠要"的消极思想，缺乏脱贫致富的内生动力，发展现代农牧业和第三产业的能力和素质亟待提高。

此外，巴音村基本医疗卫生服务缺乏，尤其是医疗卫生人员缺乏，难以满足农牧民群众基本卫生医疗需要，农牧民健康医疗知识相对缺乏，人口健康水平不高，地方病等疾病在贫困人群中高发。在巴音村，因病致贫、因病返贫这一问题较为突出，贫困户分享茶卡盐湖旅游业发展机会的能力较低，经济收入主要为政策性收入，缺乏持续、普遍、稳定增收的主导产业，缺乏劳动技能及经营能力，增收后劲不足，可持续发展能力不强。

（二）扶贫历程：从移民扶贫到精准扶贫

巴音村于 1969 年建村，隶属茶卡镇巴音乡 2 社，当时住户只有 15 户。1971 年从原巴音乡搬迁到位于茶卡镇以东 20 千米的小水桥，加上村民普遍文化水平低，缺乏致富带头人，群众生产生活较为困难。因此，巴音村是乌兰县最早确定的 5 个贫困村之一，当地贫困户主要是 20 世纪 90 年代来自于海东地区的移民。1997年，乌兰县为了解决自海东贫困地区移民落户的包括巴音村在内的 5 个贫困村 798 户 4106 人的贫困问题，决定成立乌兰县扶贫开发领导小组，县政府县长任组长，县委副书记、县政府副县长任副组长，领导小组下设办公室。

以此为起点，乌兰县扶贫开发经历了移民扶贫、解决温饱＋易地扶贫搬迁、精准扶贫三个阶段：第一阶段，2004 年以前的扶贫工作以海东地区移民搬迁项目建设为主；第二阶段，2004 年至 2015 年以解决贫困群众温饱、发展产业扶贫项目为主，以城乡一体化为抓手，开展了易地扶贫搬迁；第三阶段，2015 年以来，以解决贫困人口"两不愁三保障"和巩固提升脱贫质量为主。2017 年 8 月县人民政府办公室印发了《乌兰县脱贫清零成果 2017 年巩固提升工作方案》，2018 年 6 月县人民政府印发了《乌兰县脱贫攻坚成果巩固提升方案》。

在经历了 2004 年以前的移民搬迁之后，巴音村在 2013 年实施了城乡一体化易地扶贫搬迁项目，整体搬迁到茶卡镇区，进入到易地扶贫搬迁阶段。2011 年至 2013 年，青海省、海西州和乌兰县在茶卡镇巴音村实施"党政军企"共建示范村建设，通过政府补助和村民自筹的方式，将位于茶卡镇东 20 千米处的巴音村整体搬迁至镇区巴音新村。

在乌兰县扶贫开发领导小组的统筹安排下,巴音村的贫困问题受到了各级党委政府的高度重视。2015年的精准扶贫政策实施以来,巴音村的扶贫工作走向组织化、制度化和规范化,各级党委政府始终把巴音村的精准扶贫问题当作头号政治任务和头号民生工程,制定了精准施策、一户一策的脱贫办法。2015年,乌兰县通过精准识别确定建档立卡贫困人口405户1113人,贫困发生率为3.13%,有贫困村15个、重点贫困村7个、一般贫困村8个,其中:巴音村精准识别出贫困户4户8人,贫困发生率为7.02%,被列为重点贫困村,标志着巴音村的脱贫攻坚工作进入到精准扶贫阶段。

在实施精准扶贫战略之后,乌兰县按照海西州"一年集中攻坚、一年巩固提升,到2017年基本清零整体脱贫"的总体部署,确立了巴音村脱贫攻坚三步骤的工作方针。第一,2017年,实现全村贫困人口"两不愁三保障"。第二,再经过一年努力,使脱贫的成效得以巩固,群众的生活更加殷实,贫困户自我发展能力显著增强,全面消除绝对贫困现象,与海西州同步全面建成小康社会。分年度脱贫攻坚目标任务:2016年贫困人口人均可支配收入达到4000元以上(按2010年2300元扶贫标准测算,下同)。第三,2017年至2020年,进一步做好脱贫攻坚后期巩固提升工作,为全面建成小康社会创造坚实条件。

在精准扶贫过程中,巴音村扶贫工作队在村委的支持和配合下,通过拉网式的走访、入户调查,把每位贫困户的家庭情况详细记录下来。综合利用"看房、看粮、看有无高中以上及大学生、看技能、看有无残疾病人或重病人"五看法,了解贫困户的基本情况，再通过"问贫困户本人、问村社干部、问左邻右舍"这"三问"，来深挖贫困户致贫的根源。按照"农户申请→村级初审并入户调查→信息比对→村民代表大会评议并公示（纠错）→乡镇核查并公示（纠错）→县级审核并公告（纠错）后批复→签字确认→录入建档立卡系统"等贫困户识别程序，巴音村扶贫工作队坚持"符合标准的一户不漏、不符合标准的一户不进"的原则，在全村共35户114人中，确定出贫困户4户8人，分别是因病致贫的1户，供子女上学致贫的1户，还有2户是贫困的空巢老人。4户贫困户中有3户的户主是年过六旬的老人，巴音村采用社会救助的兜底保障法确保他们的生产生活。

2018年，经第三方评估和青海省政府批复同意，巴音村实现整体性脱贫，贫困发生率接近于零。目前，巴音村脱贫攻坚工作进入到巩固提升阶段。

二、村庄发展之力：新时代巴音村脱贫的坚强保障

精准扶贫政策实施后，面对巴音村发展的条件限制，各级党委政府主动作为，以外部力量激活内生力量，着力解决巴音村发展能力不足、基础性条件落后等问题，为村庄发展输入新动能。党委政府领导、政府主导和社会有序参与是新时代巴音村脱贫攻坚的坚强保障，乌兰县根据中央、青海省和海西州的政策要求，把健全组织领导机制、强化责任担当和制度建设作为打赢脱贫攻坚战的重要保证，大力实施"八个一批"脱贫工程和十个行业扶贫专项及"双帮"等措施。党委政府主动谋划，下派扶贫工作队、争取政策资源和激发脱贫内生动力，给巴音村的脱贫之路注入新

的力量。

（一）建立党委领导、压力传导的组织实施机制

2015年8月，乌兰县成立了县扶贫攻坚指挥部，下设办公室，实行扶贫开发领导小组双组长负责制，由县党政"一把手"任指挥长、县委副书记和各常委任副指挥长，明确5名县委常委包片督战五个片区。各镇、各部门按照县委的统一部署，也相应成立了"一把手"为负责人的精准扶贫工作机构，确定了专职扶贫干部，形成了县委、县政府主要领导负总责，分管领导具体抓，乡镇主要负责同志重点抓，村第一书记、驻村工作队、联点干部、村社干部全力推进的脱贫攻坚组织体系。

县委、县政府把精准扶贫作为主责主业，先后召开县委常委会、扶贫开发领导小组会、县政府常务会、指挥部专题会、工作推进会等27次，传达学习中央和省、州有关会议文件精神，谋划部署脱贫攻坚工作。县委县政府与各镇、各镇与贫困村分别签订了脱贫攻坚"责任状"，层层传导脱贫攻坚工作压力。建立脱贫攻坚工作制度和责任清单，明确县级指挥长、各镇指挥长、乡镇干部、第一书记、驻村工作队、村干部责任清单，形成了责任到人、重点突出的责任分担体系。县级领导坚持一线办公、靠前指挥，带头深入矛盾多、问题多的片区督促指导工作，确保了脱贫攻坚领导、工作、力量"三到位"。在强有力的组织体系和制度保障下，各级党和政府始终把巴音村脱贫攻坚作为"头号工程"和首要政治任务，深入贯彻落实习近平总书记扶贫开发战略思想和党中央国务院、青海省省委、省政府一系列决策部署，按照"六个精准"要求，打好脱贫攻坚战。

巴音村被确定为贫困村之后，迅速确立了脱贫攻坚的组织领导体制，层层落实责任，选派工作力量，凝聚起脱贫攻坚强大合力。按照县委的统一部署，巴音村所在的茶卡镇也成立了"一把手"负责人制的精准扶贫工作机构，确定了专职扶贫干部。各地党委政府采取有力举措，助力巴音村脱贫攻坚工作：

一是从严选派驻村干部。严格按照"派需结合、因村组队、精准选派"的原则，通过个人报名、资格审查、组织推荐、研究确定等程序，选派省州县三级优秀干部，担任巴音村第一书记和扶贫驻村工作队员，实现了全县贫困村和村集体经济薄弱村、基层组织软弱村"全覆盖"。二是为驻村工作队提供经费保障。按照重点贫困村 5 万元、一般贫困村 3 万元、非贫困村 1 万元的标准，为驻村工作队解决工作经费 152 万元。三是全面加强驻村工作队管理。建立完善工作例会和年承诺、季报告制度，坚持日常考核、年度考核、期满考核与村民测评、村干部评议相结合，完善驻村干部考核机制。

（二）建立政府主导、社会参与的帮扶机制

在脱贫攻坚领导小组的领导下，乌兰县高度重视脱贫攻坚工作的制度保障工作。县扶贫攻坚指挥部办公室印发《乌兰县打赢脱贫攻坚战提前实现整体脱贫工作方案》的通知、《乌兰县扶贫攻坚重大事项决策制度等制度》的通知、《乌兰县驻县企业扶贫帮困联点方案》的通知、《乌兰县机关企事业单位结对共帮村、党员干部职工结对认亲帮户"双帮"工作方案》的通知、《乌兰县"十三五"脱贫攻坚规划》的通知；中共乌兰县委办公室、乌兰县人民政府办公室印发《县级领导联镇、联村、结对帮扶贫困

户名单》的通知、《乌兰县"八个一批"及十个行业专项扶贫方案》的通知。

"结队帮扶"体现了中国脱贫攻坚工作的制度优势。乌兰县制定印发《乌兰县机关企事业单位结对共建帮村、党员干部职工结对认亲帮户"双帮"工作方案》，全县65个单位、806名干部职工与405户1113名贫困人口结成帮扶对子，三年来累计帮扶资金776.72万元。乌兰县60家民营企业与38个贫困村签订了帮扶协议，解决就业岗位85个，帮扶款、物折资达531.31万元。全县各级领导和干部职工累计帮扶慰问困难群众6400余人次。"双帮"单位举办各类培训班22期，培训农牧民180人次。

青海省科技厅选派4名优秀党员干部组建结对帮扶工作队和选任第一书记分赴巴音村对口承担脱贫攻坚工作。巴音村第一书记带领扶贫工作队和村两委成员展开扶贫工作，在脱贫攻坚工作中发挥了重要作用。在巴音村脱贫攻坚的过程中，扶贫工作队始终加强基层党建，坚持"三会一课"制度，提高党支部战斗作用；始终坚持用党建凝聚发展合力，通过换届将政治素质强、带富能力强的年轻人选进班子，现任党支部成员平均年龄29.6岁，均为初中以上学历、青年致富带头人。严格落实"三会一课"，与长期不参加党组织活动的党员谈话，通过开展"两学一做""一名党员一面旗""党员固定日"等教育活动，强化党员"四个意识"，坚定脱贫奔小康的信心和决心。

在巴音村脱贫攻坚的过程中，3家对口帮扶单位出资7万元入股合作社，贫困户人均增收数千元，对贫困户通过"多帮一"方式，从"大水漫灌"转向"精准滴灌"，从实际出发，激发贫困户内生发展动能，努力实现脱贫目标。10家企事业单位先后筹资 60 余万元为贫困户解决就业、子女上学、建设家庭宾馆等实事，为全村解决宣传阵地、办公设备、种子、农药、化肥等，乡村发展基础进一步加强，群众获得感进一步提升。在青海省扶贫开发局领导的支持下，乌兰县茶卡镇主动作为，为巴音村积极争取到国际农发基金的扶贫项目，以及 50 万元扶贫资金，投入到基础设施、公共服务设施以及产业园的建设当中。

此外，乌兰县精心实施互助资金项目，投入财政扶贫资金 1546 万元，在四镇 31 个村建立民有、民管、民享的生产发展资金，其中，巴音村也获得 50 万元互助资金，成立了互助协会，农牧民可以无息借贷发展养殖业及第三产业，切实解决了发展生产资金短缺的问题。

三、村产融合发展之路：再造一个新巴音村

在党委政府高度重视和社会力量支持的基础上，巴音村紧抓精准脱贫政策的机遇，充分利用自然资源特性高的优势，因地制宜、因地施策，以"新巴音村、新巴音人、新巴音产业"为主线，在易地搬迁之后，充分利用旅游资源丰富的优势，以旅游业带动村庄发展、贫困户收入增长，以村庄发展为旅游业提供空间支撑，实现村、人和产业之间的有机融合，破解"生态环境承载力低、公共产品供给水平低、发展意愿和能力低"的问题，走出了一条村产融合发展的脱贫之路。

（一）空间再造：易地搬迁，打造美丽巴音村

2013 年，当地党委政府在对巴音村自然资源、住房条件、人

口构成、劳动力状况、生产资料、经济来源、家庭收入、生活消费、搬迁意愿、安置去向等调查的基础上，发现其自然环境比较恶劣，自然资源严重缺乏，基础设施和公共服务落后，行路难、上学难、就医难的问题突出，农牧业生产效率低、经营效益低、群众收入低，实施了巴音村整村搬迁的工程。当地政府实施的城乡一体化易地扶贫搬迁项目，将其与"高原美丽乡村"建设项目结合起来，通过政府补助和自筹（不超过5万元）的方式，将35户村民整体搬迁至镇区巴音新村，按整齐划一、统一规划、统一标准的要求，统规统建集中居住新房，生活条件得以改善。

2015年精准扶贫实施后，乌兰县交通、住建、水利、电力、卫生等部门加大对新巴音村基础设施和基本公共服务投入力度，全力推进十个行业扶贫专项行动，着力改善贫困地区基础设施条件，提升基本公共服务保障能力。乌兰县交通部门实现了新巴音村道路硬化；电力部门在保障贫困村全部接通生产生活用电的基础上，加大村内农网升级改造工作；水利部门完成建设提质增效饮水工程，达到贫困村饮水水质符合国家安全饮用水的标准；卫生部门建立贫困人口健康电子档案，完成村卫生室设置。至此，巴音村蜕变为一个宜居美丽的新农村，为旅游业的发展提供了坚实的基础。

（二）社会再造：扶智扶志，培育新巴音人

为了使贫困群众脱贫有动力、有志气，在抓好贫困群众"物质扶贫"的同时，乌兰县注重抓好"精神扶贫"，制定出台了《乌兰县脱贫攻坚"精神扶贫"行动方案》，加强乡规民约教育，培育文明乡风、良好家风、淳朴民风，促使贫困户以脱贫摘帽为荣，

以争当贫困户为耻,依靠自身勤劳致富,由"要我脱贫"向"我要脱贫"转变。为了解决当地群众文化素质低和缺乏劳动技能问题,巴音村坚持扶贫扶智,双轮驱动,不断激发贫困户内生动力。坚持物质精神两手抓,激励约束齐发力,不断增强贫困群众脱贫致富的主动性和积极性,实现巴音村发展的"社会再造"。

为了提升贫困户发展意愿和发展能力,巴音村深入宣传惠民政策,转变思想观念,使贫困群众脱贫有希望、有信心,把对贫困群众的政策宣传教育贯穿于脱贫攻坚工作始终,组织脱贫攻坚巩固提升宣讲团、驻村工作队和"双帮"单位,进村入户宣讲党的各项富民和脱贫攻坚政策,坚决破除"等靠要"思想,树立自力更生、勤劳致富信心,求思进、盼富裕、拔穷根。扎实开展农牧民实用技能培训,提高贫困人口就业能力。2018年,全村有85人次先后参加了宾馆客房服务、餐饮、车辆驾驶、计算机操作等技能培训。强化培训提高了村民技能和服务水平。积极协调定点帮扶企业为贫困人口提供就业岗位,帮助贫困劳动力外出务工,转移就业,提高贫困家庭收入,让贫困户在家门口就能学到文化知识和实用技术,确保有劳动能力的贫困户至少掌握1门技术,通过发展产业勤劳致富,提高自我"造血"能力,为贫困户想干事、干成事创造了条件。

(三)经济再造:产业为本,集聚新巴音业

第一,明确发展目标,制定产业发展规划。巴音村在脱贫攻坚过程中,确定了打造生态旅游扶贫示范村的发展目标,坚持把培育壮大富民产业作为脱贫攻坚的重要抓手,实现了巴音村的"经济基础再造"。巴音村扶贫工作队带领全村农民制定了《巴音村精准扶贫规划》《巴音村生态畜牧业发展规划》和《巴音村乡村旅游发展规划》3个规划，为巴音村整体发展和精准扶贫工作明确了思路和目标任务。当地党委政府结合实际，因地制宜，突出地域优势和特色产业，围绕茶卡盐湖旅游资源大力发展旅游产业，促进精准扶贫的实施和精准脱贫目标的实现。

第二，成立合作组织，把农民从土地解放出来。省科技厅扶贫工作队组织当地农民成立了乌兰县巴音金顺生态养殖专业合作社，并经村"三议一表决"程序将集体450亩土地和25万元（高速公路占地补偿款）注入专业合作社，同时省科技厅向巴音金顺生态养殖专业合作社捐赠了用于茶卡羊冷季补饲配合饲料加工的饲用玉米5300公斤、油菜饼1700公斤以及全混合日粮（TMR）搅拌车1台，价值约8万元，加大合作社的经营发展规模，增强其竞争力。引进企业，发展"公司+合作社+农民"产业模式。依托巴音村的资源优势，巴音村两委与巴音金顺生态养殖专业合作社签订协议，将50万元村级产业发展资金投资到合作社，合作社与德庆公司签订协议，将50万元投资到公司中，每年给村集体10%的分红，即5万元。通过将土地集约化种养殖，合作社入股、公司经营、农民保底分红，确保农民收入的同时，也把农民从土地解放出来，为旅游发展提供劳动力支持。

第三，以旅游业为支撑，发挥产业带动作用。充分发挥茶卡盐湖旅游业带动作用，引导茶卡镇贫困户发展家庭住宿、餐饮业，年均增收5万元以上；在茶卡盐湖景区出入口设立商业摊位租赁给周边农牧民；投入资金10万元在景区购买可移动式商铺10顶，免费租赁给贫困户；新增茶卡镇区、景区环卫岗位111个，安置贫困户及农牧民就业。依托茶卡盐湖景区人流"井喷"态势和茶卡镇服务业带动效应明显的优势,将省级下达的1500万元扶贫产业园资金和三个旅游扶贫村的900万元发展资金入股吉仁生态农牧业公司,在茶卡镇打造了集旅游扶贫、特色产业扶贫和电商扶贫为一体的综合性扶贫产业示范园,大幅度提高了贫困户和牧民群众收入水平。贫困户旺季有旅游收入,淡季有产业和电商收入,真正实现了可持续性增收。

第四,发挥特色资源优势,促进农业和旅游业融合发展。巴音村利用传统资源优势,发展生态畜牧业。扶贫工作队为巴音村进行了"人工草地建植—草产品产业化加工—农副产品产业化利用—'茶卡羊'牲畜健康养殖"为一体的生态畜牧产业链的规划,巴音金顺生态养殖专业合作社负责具体实施,为其配置了饲草料配送中心、新型冷季补饲和育肥暖棚等生态畜牧业产业链必需的设施设备,并开展了饲草料搭配、全混合日粮加工、茶卡羊冷季补饲等技术的现场培训。2016年,巴音村扶贫第一书记向青海省科技厅争取拨旅游发展资金300万元,投入到在茶卡镇成立的扶贫产业园,大力发展旅游住宿产业。围绕茶卡盐湖旅游资源和国家农产品地理保护标志"茶卡羊"生态畜牧业资源,实施饲草种植、牛羊养殖、农产品加工销售和旅游服务"四位一体"的产业化发展思路,逐步形成稳定、可持续发展的产业。

四、村产融合发展之果:为脱贫致富打下基础

巴音村以"新村新产业、生态旅游业"为主导、"多产业融合发展"为特色,积极打造生态旅游扶贫示范村,在脱贫攻坚过程中积极打造产业发展新业态,探索出一条产村融合发展的脱贫

致富道路，走出了一条"前期脱贫可持续、后期巩固有抓手、农民致富基础牢"的新路子。经过三年多的脱贫攻坚努力，以产村融合发展为抓手，新村为旅游业发展提供了空间条件，生态旅游发展又促进了新村繁荣，新村、新产业相互融合发展。巴音村的蜕变隐含着经济社会的不断变迁，从整体脱贫、产业发展，到人民过上幸福美好的生活，再到乡村社会朝着美丽和谐迈进，巴音村从一个落后的、贫困的"农业村"发展成为一个美丽的、富裕的"产业村"。

（一）提前脱贫：巴音村摘掉穷帽子

在大力实施"八个一批"脱贫工程和十个行业扶贫专项及"双帮"等措施之后，巴音村2017年贫困户人均总收入达到了16228.91元，人均可支配收入达到11147.19元，是省级目标3316元的336%，是州级目标4000元的229%，超过了全州平均数，实现了贫困户清零。2018年，经第三方评估和青海省政府批复同意，巴音村实现整体性脱贫，贫困发生率接近于零。巴音村4户贫困户8人，主要是因病致贫、家庭缺乏劳动力，当地政府采取"兜底"保障方法，纳入低保范畴，享受低保兜底政策，基本生活水平得到保障。旅游业的发展给非贫困户带来了稳定收入，贫困发生的概率极低，巴音村后期脱贫基础牢固，基本消除了贫困、实现了整体脱贫。

随着一条条道路的建成通车，一栋栋新房的落成入住，巴音村基本实现了村民居住、生活、就医、上学、娱乐在镇区的发展目标，村容村貌焕然一新，群众生活条件明显改善。完成饮水安全巩固提升工程，安全饮水得到保障；实施移动通信升级工程，移动 4G 网络实现全覆盖；落实贫困村电网改造；硬化路面公路；配合水利部门完成老村灌区水利工程维修改造项目；完成标准化村级卫生室改建项目等；这些措施进一步提高了村民的生活质量。村级综合服务中心内部装修已完成，办公设施已配齐，党员活动室已建成，为村民管理村务、开展文化娱乐活动提供了空间；完成体育健身设施的建设，为村民进行体育锻炼提供了便利。

（二）产业发展：巴音村有了致富门路

"新村、新产业"是巴音村蜕变的关键之路，旅游业为巴音村农民带来了致富之路。当地政府按照"渠道不变、用途不变、集中使用、各记其功"的原则，为巴音村争取和落实涉农扶贫资金，用于产业发展和基础设施的提升，为决胜脱贫攻坚提供了强有力的资金保障。为了解决包括巴音村在内的贫困村脱贫和致富问题，当地政府以"生态旅游示范村""美丽乡村"为发展目标，全面提升茶卡盐湖旅游发展质量，打造特色旅游小镇。乌兰县编制了《茶卡镇特色小镇发展规划》，以巴音村为核心发展区域，依托茶卡资源及交通优势，发展以特色文化旅游为核心，以现代盐产业发展为基础，贸易、物流、文化技术交流等辅助产业配套的西部盐驿，带动整个西部地区的旅游及盐产业发展。在扶贫工作队的帮助之下，借助旅游业的发展，巴音村有29户（包括4户贫困户）村民开办了家庭宾馆、农家乐28家，客房270间，直接从业宾馆人数达74人，共接待游客11.2万人，户均增收8.5万元以上。4户贫困户因病缺乏劳动力，但也在政府帮助下开办了家庭宾馆，将经营权转交给外地老板和亲属，每年领取固定的租金。

（三）生活幸福：巴音人过上了好日子

旅游业给当地农民带来了直接的经济收入，村民发展旅游服务业的积极性空前高涨。2019 年，全村共开设 30 家家庭宾馆和农家乐，客房 328 间，床位 756 个，餐桌 120 张，座位 732 个；为满足游客需求，客房全部按照星级宾馆标准建设。全村有 120 余人次先后参加了宾馆服务、餐饮等相关技能培训，全村旅游接待能力和服务水平全面提高。有村民在旅游区其他岗位就业后，将自己的家庭宾馆出租，年租金在 8 万元到 12 万元之间，再次解放了劳动力，使原本投入家庭宾馆经营的劳动力可以从事其他的产业，进一步拓宽了村民的增收致富渠道。"新村、新产业"给巴音村人民带来了幸福的生活，家庭住房从"土坯房"发展到"小洋楼"，房间内设施齐全，洗衣机、冰箱、空调、彩电等一应俱全，群众的家庭居住条件得到有效改善。

（四）和谐安定：巴音人面貌焕然一新

巴音村的村民对扶贫工作队、党和政府非常感恩，都认为"没有共产党，哪里有这么幸福的生活"。在住房条件改善之外，村民们的文化需求也得到了极大满足，大量游客不仅带来了经济收入，也带来了新的知识文化和发展理念。作为一个多民族聚居村，村里各族群众团结友爱，没有任何社会不稳定因素，治安事件为零，违法犯罪事件为零。此外，巴音村建立了村民互帮互助机制，发挥产业大户、能人能手在凝聚人心、教化群众、淳化民风、带动引领中的重要作用，让贫困户知耻后勇不甘落后，提升动力，加快脱贫步伐。在产村融合发展过程中，巴音村从一个封闭的农业社会，朝着开放的现代社会发展，将资源优势转变为经济优势，全体村民都参与、分享旅游业带来的经济机会，对未来的生活充满期待。

巴音村产村融合之路具有明显特征，以精准扶贫为契机，政策资源的输入实现了空间、人口和产业的整合，产业发展将人、财和物等要素聚焦起来，点燃了村庄发展的内生动力，这背后折射出巴音村蜕变之机理：旅游业发展提供了空间，美丽宜居的村庄吸引了到茶卡盐湖旅游的旅客入住；新巴音人把握住旅游业发展带来的经济机会，为游客提供交通、住宿和餐饮等服务；新产业发展促进了村庄和人的发展，资源要素涌入提升了巴音村的基础设施条件，改善了巴音村人民的生活水平，旅游业将巴音村与外面的世界连接起来，既提升了村庄发展质量，又为当地农民提供了更多的经济机会。村产融合结出了丰硕之果，为巴音村脱贫致富奠定了坚实的基础。

五、深化产村融合发展：巴音村脱贫成果的巩固

为了巩固巴音村脱贫攻坚成果，乌兰县已经开始了新的布局，按照"底线再筑牢、重点再聚焦、内涵再丰富"的总体要求，继续走产村融合发展之路，并采取更有效的措施深化产村融合，进一步激发要素活力，实现产村共生、共荣、共享，提升巴音人发展致富的能力，又扎实提升旅游业发展质量。

（一）聚焦产村深度融合，打造生态旅游扶贫示范村

为了保证脱贫后期巩固有支撑，茶卡镇政府以巴音村等行政

村为核心区域，制定《特色小镇发展规划》，在茶卡镇区建立柴达木旅游板块的区域游客集散中心，构建镇域旅游线路，结合区域道路，串联重要文化、景观节点，建立区域旅游线路。打造旅游产业发展核心轴线，沿巴音村形成的小镇功能发展轴和沿交通街形成的小镇旅游发展轴共同构成的由东向西的小镇复合发展轴线，规划茶卡镇区布置两个居住片区，总占地面积为44.57公顷，人均居住用地面积为55.71平方米，其中部分巴音村移民住宅在旅游旺季作为民宿酒店使用(酒店面积占总面积的60%)。建立两级旅游节点，在一级节点布置服务中心，提供商业、餐饮、银行、停车、换乘等服务，包括莫河骆驼场、茶卡寺、德都蒙古文化风情体验园、盐湖景区、莫哈特遗址公园；在二级节点布置服务点，提供停车及商业服务，盐场体验园、农场、植物园、巴里河滩壁画、巴音村体验园。在这些发展规划中巴音村作为生态旅游体验园，在未来的旅游业发展中发挥着重要的作用。

(二) 推动多产业融合，拓展更多的经济机会

在优化主导产业发展的基础上，旅游业的发展为产业融合带来的机会，积极拓展产业链条。着力发展延伸产业、辅助产业和完善服务配套设施。形成以旅游观光产业和创意产业为主导的延伸产业集群和以商贸、物流、会展为主导的辅助产业集群，完善生活配套设施，推动小镇整体产业发展。引导产业转型，积极调整盐产业结构，发展"绿色、优质"的现代盐产业。构建盐产业园区、茶卡羊产业园区和创意产业园区三大产业园，引导产业集聚。引进国内外先进的食用盐加工生产技术，突出茶卡大青盐食用及药用价值，推动茶卡盐产业发展。建立旅游体验功能，结合

盐产业，建立植物观赏区和文化体验区域，增强产业的参与性，使产业发展与文化产业紧密地联系起来。增强产业带动核辐射力。建立区域物流中心，依托现有茶卡镇区交通及产业优势，积极配合盐产业发展，提供盐产品供应及集散基地，成为西部地区盐产品物流的重要节点和商贸集聚地，同时通过电子商务为企业、牧业大户、消费者提供网上交易平台。

（三）以参与发展为基础，继续扎牢兜底保障体系

巴音村在扶贫工作中，始终加强技术技能培训，扶持发展特色产业，使贫困群众脱贫有条件、有能力。为鼓励贫困户充分利用优势资源和便利条件发展特色种植业、养殖业和服务业，组织农牧、林业等部门专家现场为贫困户解决技术难题、传授科学种养技术和管理方法，保障巴音村民有参与产业发展的能力，能够分享产业发展的成果。在产业发展之外，巴音村按照贫困户致贫原因，该通过政策兜底的予以兜底，该发展产业的予以小额贷款，该就医看病的予以医疗救助，该教育脱贫的发放补助资金，该改善居住条件的进行资金支持，该外出务工的进行技能培训，花大力气培育"愿脱贫、能脱贫、善致富"的新巴音人。

在产业发展的同时，扎牢兜底保障的底线。一方面，乌兰县坚持摘帽不松劲，扶持政策不断、帮扶队伍不散，防止"边脱贫边返贫"，研究制定了《乌兰县"十三五"脱贫攻坚规划》《乌兰县打赢脱贫攻坚战提前实现整体脱贫工作方案》《乌兰县脱贫清零成果2017年巩固提升工作方案》等一系列有针对性的政策措施。全面落实行业部门各自职责，进一步细化了18个行动计划和专项方案、18个巩固提升方案，全面推行"老年人养老、残疾

人托养、贫困生助学"3个配套办法。另一方面，为了解决巴音村因病致贫、因病返贫问题，当地政府落实"一免七减"、医疗精准扶贫"十覆盖"措施及参保专项补助制度、贫困人口医疗救助等医疗救助政策，确保贫困人口充分享受医疗保险待遇。为进一步保障困难群众生活，按照州级确定的保障标准，率先在全省将农牧区低保标准提高到4000元/年，实行据实补差。巴音村4户贫困户也被纳入低保范畴，享受低保兜底政策，基本生活水平得到保障。

六、产村融合发展之经验：巴音村脱贫的展望

产村融合发展是巴音村脱贫之路的重要特征，这条扶贫之路虽具有巴音村村情的个性，但对其他地区的脱贫仍有重要启示。全国不少贫困村都拥有独特的资源禀赋，在发展的过程中面临着和巴音村同样的问题：一方面，资源优势无法转化为经济优势，产业发展的基础十分薄弱，缺乏发展的内生动力；另一方面，村民发展意愿和发展能力较低，无法参与到产业发展中来，更无法分享产业发展的成果。巴音村的产村融合发展路子为这些地区提供了经验，它反映出：在脱贫攻坚中，要坚持党委政府的坚强领导，因地制宜、善用政策性资源和科学施策，充分挖掘区域性特色资源，主动引导人、才和物等要素集聚，为贫困户提供参与产业发展的基本条件和组织保障，促进乡村与产业的共生共荣。

（一）善用外力，为乡村发展输入资源

乌兰县始终坚持"一把手"为负责人的精准扶贫工作机制，

确定专职扶贫干部，形成了县委、县政府主要领导负总责，分管领导具体抓，乡镇主要负责同志重点抓，村第一书记、驻村工作队、联点干部、村社干部全力推进的脱贫攻坚组织体系。乌兰县委印发了《乌兰县机关企事业单位结对共帮村、党员干部职工结对认亲帮户"双帮"工作方案》，采取"一对一""多对一"的帮扶模式，形成了党委政府主抓、部门企业参与、全社会合力推进的脱贫攻坚工作大格局。"双帮"机制明确了帮扶责任和工作内容，实现对贫困村、贫困户的全覆盖式帮扶。青海省科技厅作为巴音村定点帮扶单位，积极联系项目，争取扶持资金，同时加强对贫困人口的思想教育，扶贫与扶志、扶智相结合。在养殖茶卡羊方面，扶贫工作队利用单位部门的组织、信息、政策等资源优势，帮助巴音村获得了中科院西北高原生物研究所的相关技术支持，加大对村民茶卡羊养殖知识技能的培训，积极拓展和开发电商销售平台，进一步加快了巴音村脱贫致富的步伐。

（二）因地制宜，科学地谋划产业发展之路

打赢精准扶贫、精准脱贫攻坚战，要精准摸清底数，加强动态管理，科学选择路径，必须根据各贫困村、贫困户的实际情况，坚持因地制宜、科学规划、分类指导的思路，突出抓好产业扶贫、就业扶贫和激发内生动力，切实增加贫困群众收入，确保稳定脱贫和可持续发展。巴音村的发展首先得益于易地扶贫搬迁安置的科学性和正确性，将其与新型城镇化建设结合起来，确保搬得出、稳得住、能致富。通过引进企业发展"公司＋合作社＋农民"产业模式，将土地集约化养殖，合作社入股、公司经营、农民保底分红，让农民从土地上彻底解放出来。通过提高基础设施建设和

公共服务水平，统筹抓好农村水、电、气、网、路、暖、生活垃圾和生活污水处理设施等建设，切实解决贫困人口就医、子女上学等问题，提高农村公共服务水平，稳定实现贫困人口"两不愁三保障"。

（三）产业为本，深挖区域性特色资源

在精准扶贫工作开展后，巴音村扶贫工作队充分利用现有资源优势，及时转变思路，加快产业转型，做大做强旅游扶贫，围绕茶卡盐湖旅游资源和国家农产品地理保护标志"茶卡羊"生态畜牧业资源，依托巴音金顺生态养殖专业合作社，实施饲草种植、牛羊养殖、农产品加工销售和旅游服务"四位一体"的产业布局，逐步形成稳定、可持续发展的产业，不仅帮助当地贫困劳动力转移就业，还为贫困人口带来了可观的收入，创新"输血"变"造血"立体式扶贫新思路。自2017年以来，巴音村按照党的十九大提出农村农业优先发展，按照产业兴旺、生态宜居、乡风文明、治理有效、生活富裕的总要求，引导农民专心投入到发展以家庭宾馆为主的旅游服务业中，实施产业扶贫，在确保农民收入稳定增长的同时，实现经济效益最大化，发展壮大村集体经济，完成集体经济"破零"工程。在各级党委、政府的领导和帮扶单位的大力支持下，巴音村扶贫工作队和村两委班子带领全体村民在促进贫困村脱贫致富的实践中，探索出了符合巴音村实际的"以旅游业为支撑、产村融合发展"的模式，将产业发展作为贫困群众脱贫致富的有效途径，通过到户产业、互助资金、扶贫产业园、乡村旅游等扶贫项目带动，大力发展特色种养、农牧产品加工、生态旅游、现代服务等扶贫主导产业，增加集体经济收入，着力

构建"户有增收项目、村有集体经济、县有扶贫产业园"的扶贫产业格局，走出了一条富有时代特色的乡村旅游发展道路，脱贫户受益实现全覆盖。

（四）提升人力资本，激发内生发展动力

打赢脱贫攻坚战，实现持久发展，不仅需要我们高度重视物质脱贫，还要高度重视精神脱贫。习近平总书记指出，"实现我们的发展目标，不仅要在物质上强大起来，而且要在精神上强大起来。"① "真正的社会主义不能仅仅理解为生产力的高度发展，还必须有高度发展的精神文明——方面要让人民过上比较富足的生活，另一方面要提高人民的思想道德水平和科学文化水平，这才是真正意义上的脱贫致富。"② 在解决衣食住行问题，实现物质脱贫后，巴音村始终坚持物质精神两手抓，扶贫扶智双驱动，激励约束齐发力，不断增强贫困群众脱贫致富的主动性和积极性。对贫困群众的政策宣传教育贯穿于脱贫攻坚工作始终，进村入户宣讲党的各项富民和脱贫攻坚政策，树立自力更生、勤劳致富信心，求思进、盼富裕、拔穷根。全面推进精神脱贫，使贫困群众脱贫有动力、有志气。在抓好贫困群众"物质扶贫"的同时，注重抓好"精神扶贫"。这些举措促使巴音村民转变思路，主动谋划生产发展，参与到乡村产业发展中来。

在后续脱贫攻坚战中，巴音村仍要继续全面贯彻习近平新时

---

① 习近平：《大力弘扬劳模精神劳动精神工匠精神——论学习贯彻习近平总书记在全国劳动模范和先进工作者表彰大会上重要讲话》，2020年11月27日，http://www.qstheory.cn/dukan/qs/2017-08/31/c_1121562090.htm。

② 习近平：《习近平铸就"中国信仰"》，2017年10月7日，https://www.chinacourt.org/article/detail/2017/10/id/3012148.shtml。

代中国特色社会主义思想和党的十九大精神,认真学习领会习近平总书记关于扶贫工作的重要论述,坚持按照党中央已经明确的目标标准和政策举措,抓住精准扶贫与乡村振兴等战略机遇,巩固已有的脱贫攻坚成果,通过保持政策稳定性、实施动态管理、加快建立人才队伍建设的长效机制等措施,建立巩固脱贫成果的长效机制。巴音村应沿着"以旅游业为支撑、产村融合发展"的思路,坚持"绿水青山就是金山银山"、努力实现产业提升、不断改善人居环境、大力营造新时代村庄新风貌、补齐基础设施短板、强化基层治理、打造文明乡风、实现富民强村这八大方面入手,全面推进乡村振兴建设提质提速。在巴音村积极培育致富带头人和经济能人,对回乡创业的农牧民给予特殊扶持政策,激励他们积极开发农村资源,创办实业,为推动乡村振兴、增加农牧民收入、建成全面小康发挥积极作用。

(本案例执笔人:杨磊 王丹 李世遗)

案例点评

习近平总书记指出，攻克深度贫困堡垒，是打赢脱贫攻坚战必须完成的任务。①巴音村是全国"三区三州"地区的一个深度贫困村，它的脱贫历程与成果充分反映出我们党打赢脱贫攻坚战的决心意志和成功经验。巴音村脱贫的经验主要有两个方面：第一，在各级党委和政府的支持下，巴音村建立了完善的组织机制和责任机制，党委政府把扶贫当作政治任务来抓，下派干部充实基层组织，脱贫攻坚有充分的制度保障；第二，巴音村结合当地特色资源，建立了"产村融合发展"模式，实现了由"输血"到"造血"的转变，为农民增收致富奠定了经济基础。在党的带领下，巴音村走出了一条"前期脱贫可持续、后期巩固有抓手、农民致富基础牢"的新路子，成功地甩掉"穷帽子"、彻底地拔掉穷根，过上了生活幸福、社会和谐和民族团结的好日子。作为一个深度贫困村，巴音村的脱贫历程充分反映出中国特色社会主义制度的优越性，反映出中国共产党领导的强大效能。巴音村是我国深度贫困地区脱贫的一个缩影，它的成功脱贫，对打赢脱贫攻坚战具有深远意义和时代价值。在乡村振兴的道路上，千万个像巴音村这样的村子必将创造出新的奇迹，走出一条高质量发展之路，朝着共同富裕之路坚定迈进

（点评人：杨磊，华中科技大学公共管理学院副教授）

---

① 习近平：《在深度贫困地区脱贫攻坚座谈会上的讲话》，2017年8月31日，http://www.qstheory.cn/dukan/qs/2017-08/31/c_1121562090.htm。

后　记

本书是根据国务院扶贫办统一部署安排开展的"脱贫攻坚成就和经验总结"系列研究之"西北区域县、村脱贫攻坚经验总结"项目成果之一，由贵州民族大学社会建设与反贫困研究院孙兆霞团队和华中科技大学公共管理学院吴淼团队共同完成。

孙兆霞团队成员分别来自贵州民族大学社会建设与反贫困研究院、社会学与公共管理学院、马克思主义学院、中国社会科学院社会学所、贵州大学历史与文化民族学院、贵州师范学院文化和旅游部中国乡土社会研究中心（贵州）、贵州师范大学7个单位。其中，项目组组长为孙兆霞（贵州民族大学社会建设与反贫困研究院教授、博士生导师），副组长为王春光（中国社会科学院社会学所副所长研究员、博士生导师）、黄路（贵州民族大学社会建设与反贫困研究院院长、副教授）。成员包括：毛刚强（贵州民族大学社会建设与反贫困研究院研究员）、曹端波（贵州大学历史与民族文化学院教授）、陈志永 [贵州师范学院文化和旅游部中国乡土社会研究中心（贵州）执行主任、教授]、雷勇（贵州民族大学社会学与公共管理学院副教授）、徐磊（贵州民族大学社会学与公共管理学院副教授）、宗世法（贵州民族大学社会学与公共管理学院副教授）、张建（贵州民族大学马克思主义学院副教授）、梁坤（贵州师范大学硕士研究生），以及龙丽萍、陈蕾、向丹（三人均为贵州民族大学社会学与公共管理学院硕士研究生）。参与录音整理的人员有：贵州民族大学社会学与公共管理学院教师栾日瑛，贵州师范大学硕士研究生梁坤，贵州民族大学硕士研究生陈蕾、陈文仙、崔青仙、胡婷、黄玲、刘柯彤、刘欣、龙丽萍、麻蕾、齐昕、田湘琼、吴锐、向丹、杨正莲、张中英、曾凯琴，以及贵州民族大学本科生陈志雄、郭露、郭晓、蒋湘黔、李新旭、令狐绍旗、龙仙、娄倩倩、娄云、罗正、马情芳、毛贵敏、莫桂花、潘兴念、覃力行、韦乾梨、吴杰、吴娟、谢武江、阳婵、杨胜英、杨祖云、袁叶、张桂花、赵钰雯、周启梦。

吴淼团队成员分别来自华中科技大学公共管理学院、山西财经大学公共管理学院、中南财经政法大学公共管理学院3个单位。其中，项目组组长为吴淼（华中科技大学公共管理学院系主任、教授），副组长为郭永园（山西财经大学公共管理学院副教授）。成员包括：杨磊（华中科技大学公共管理学院副教授）、蔡长昆（华中科技大学公共管理学院讲师），姜伟齐、张涛、向玲、李悦箫、沈琪瑶、郭瑞莲、刘倩、梁娴莹、李一凡、杨哲盈10名华中科技大学公共管理学院硕士研究生，王丹、李世遗2名中南财经政法大学公共管理学院硕士研究生。

孙兆霞团队的深度调研点包括青海省西宁市湟中县（县域研究案例点），以及大通回族土族自治县朔北藏族乡边麻沟村、黄南藏族自治州尖扎县德吉村和玉树藏族自治州治多县治渠乡同卡村（村级研究案例点）。研究团队的集中调研包括两个阶段，分别在2019年9月和10月完成。第一次集中调研以湟中县为主，兼顾了边麻沟村、德吉村和同卡村三村。第二次补充调研主要在湟中县和大通县完成。在前后28天实地调研中，课题组共召开市、县、乡镇、村干部座谈会 20 余次，深度访谈政府工作人员、村干部及驻村工作人员 80 余人，贫困户及非贫困户 100 余人，青年（包括返乡创业人员）10 余人，累计收集文件资料 1900 余份，拍摄照片 5000 余张、访谈绘制《村庄资源图》8 张，访谈村级问卷 8 份、村民问卷 190 份。第三阶段历时 7 天，主要是通过网络和电话，就研究成果初稿与各县、乡镇进行深入沟通交流并补充材料，同时，与湟中县的同志就编撰《图说中国脱贫攻坚系列·湟中县的故事》进行研讨。3 个阶段的调查共形成访谈录音文字整理资料 500 余万字。进入写作阶段，课题组进行了十余次集体研讨，最终形成了《新时代中国县域脱贫攻坚案例研究——湟中县卷》、《中国脱贫攻坚——湟中县的故事》（图册）和《中国脱贫攻坚：青海省六村案例》（即本书初稿）。

吴淼团队于 2019 年 9 月先后赴甘德县恰不将村、互助土族自治县班彦村、乌兰县巴音村开展调研，通过实地访谈、发放问卷、入户调查等形式，对村庄进行了详细的了解，并对村所在的县、乡政府部门进行调研，在整体上对扶贫工作的规划部署进行感知。两个团队的实地调研和后期研究，共同形成了青海六村案例书稿。

本书写作的具体分工为：第一章（徐磊）、第二章（雷勇、张建）、第三章（张建、曹端波）、第四章（吴淼、张涛）、第五章（吴淼、刘倩）、第六章（杨磊、王丹、李世遗），全书由黄路完成统稿。此外，还需要指出的是，本书是两个研究团队集体智慧的结晶，虽然每一章都由具体人员承担，但均是研究团队经过多轮研讨所定下的基本框架。

整个后期写作与统稿编辑过程，均处新冠疫情期间，项目组成员的沟通和工作推进主要通过电话和邮件进行。尤其是疫情暴发之初，面对汹汹疫情，工作推进过程中，时刻关注来自四面八方的疫情和声音，每位同事心情都十分沉重焦灼，也感觉非常无力。青海省脱贫攻坚呈现的经验，我们能从中深刻感受到党政体制下全体制、全社会动员解决贫困问题的制度优势和创新探索。青海湟中县及另外六县六村贫困治理与社会治理一体两面推进，普遍激发了农村社区发展活力与社区脱贫能力，构建了以农民为主体、多元协同的反贫困行动机制。党政体制推动的贫困治理成效，立基扎根于全面激发贫困群体内生能力，最终实现于贫困群体的主体性确立。从贫困治理到社会治理，再到国家治理体系和治理能力现代化经验生成，是我们理解中国脱贫攻坚行动的行动价值和制度价值的重要视角。

在本书即将付梓之际，我们要衷心地感谢全国扶贫宣传教育中心对我们的信任和指导；感谢西北片区总课题组对本项目的统筹和支持；感谢青海省、西宁市和湟中县、大通县、尖扎县、治多县、甘德县、互助县、乌兰县给予的全力支持和配合，感谢所有接受项目组访谈的被访者们的理解与信任，特别感谢西宁市市委、市政府主要领导和分管领导的高度重视，他们亲自部署，全力支持，多次到调研一线，对调研组成员的工作和生活给予无微不至的关心，让我们深受感动；感谢贵州民族大学和华中科技大学为相关研究工作提供的人财物保障；感谢评审专家对本书初稿各案例提出的审读意见，令我们的结题书稿得以完善和提升。由于水平有限，书中难免有错漏之处，还请各位读者批评指正。

贵州民族大学社会建设与反贫困研究院课题组